管 理 概 论

赵青松　主　编

李孟军　魏婉莹　陆柏乐　副主编

国防工业出版社

·北京·

内 容 简 介

本书从管理者的角度出发,从管理基础、管理职能、管理艺术和管理发展四个部分阐述管理学的基本概念、主要职能和发展趋势,帮助读者全面、系统地掌握管理学的基本规律和基本方法,进而提升管理能力。全书共分为 4 篇 10 章,分别为绪论、古典管理理论与人际关系理论、计划职能、组织职能、领导职能、控制职能、沟通、激励、管理创新和知识管理。

本书既可作为高等院校管理类相关专业的基础课教材,又可作为其他非管理类专业选修课教材,同时还可作为相关部门管理工作的培训教材。

图书在版编目(CIP)数据

管理概论/赵青松主编. -- 北京:国防工业出版社,2025.6. -- ISBN 978-7-118-13724-8

Ⅰ. C93

中国国家版本馆 CIP 数据核字第 2025G908B1 号

※

*国防工业出版社*出版发行

(北京市海淀区紫竹院南路 23 号 邮政编码 100048)

北京凌奇印刷有限责任公司印刷

新华书店经售

*

开本 787×1092 1/16 印张 9½ 字数 179 千字

2025 年 6 月第 1 版第 1 次印刷 印数 1—1600 册 定价 56.00 元

(本书如有印装错误,我社负责调换)

国防书店:(010)88540777 书店传真:(010)88540776

发行业务:(010)88540717 发行传真:(010)88540762

前　言

　　管理是在特定的环境，管理者通过计划、组织、领导、控制等活动来协调组织所拥有的人、财、物、信息、技术等资源，以高效的方式达成组织目标的过程。管理活动是人类各种组织活动中最普遍和最重要的一种活动。现代社会是一个全球化的、分工协作的社会，每一个组织和每一个个体都处在大的社会组织和具体的组织结构之中，一切重大的组织活动和个人行为都依赖所在的组织环境和组织运行规律。所有的组织都需要管理，并且都需要管理人员负责执行管理任务。因此，管理在现代社会无处不在，它在人们的社会生活、工作学习等各个方面起着十分重要的作用，关系到我们每个人的切身利益。正如美国著名管理学家彼得·德鲁克在《管理及其全球性影响》一书中所说："在人类历史上，几乎没有一种制度能像管理学那样兴起并产生巨大影响。在近百年的时间里，管理已改变了世界上所有发达国家的社会与经济结构。"

　　管理学是一门从管理实践中形成和发展起来的、系统研究管理活动及基本规律和方法的理论体系，是由一系列的基本概念、基本原理、基本方法构成的，涵盖主要管理职能的应用性和实践性很强的学科。随着管理实践的发展，管理学不断充实其内容，成为指导人们开展各种管理活动，有效达到管理目的的指南。当前社会无论什么性质的组织，其中无论是管理者还是被管理者，要展示自己的才华，实现自己的抱负，都需要学习管理学。管理学几乎成为所有人都应该学习的一门必修课。

　　作为一门实践性、应用性较强的课程，"管理学"的内容比较丰富但又相对零散，比较难以快速、全面地掌握。为了使读者能够快速、全面地了解、掌握管理学的基本知识，本书从管理基础、管理职能、管理艺术和管理发展四个部分进行阐述，帮助读者全面、系统地掌握管理学的基本思想、基本原理和基本方法，拓展知识面，不断提高分析管理问题和解决管理问题的能力。本书由赵青松担任主编，具体编写分工如下：赵青松编写第一、第三、第九、第十章，李孟军编写第二章，魏婉莹编写第四章、第五、第六章，陆柏乐编写第七、第八章。赵青松承担了全部章节的统稿工作。

在书稿的撰写过程中，作者合理参考了许多现有书籍、学术论文和网络资料，这些都列在参考文献中，在此谨对作者们表示衷心感谢！由于时间仓促，本书还存在很多不足，欢迎大家提出宝贵意见，以便我们在尽可能短的时间，进一步改进、提高！

作　者
2024 年 9 月

目　录

管理基础篇

管理职能篇

管理艺术篇

管理发展篇

管理基础篇

第一章　绪　论

第一节　管理的含义、性质及职能

一、管理的含义

管理的历史几乎与人类社会的一样久远，可以说，只要有共同劳动就有管理活动。共同劳动需要对劳动进行分工组织和协调以达到任务和目标的实现。这种分工、组织和协调就是管理活动。由此可见，管理产生于人类的共同劳动。因此，管理是任何组织生存与发展所必需的活动。

那么，到底什么是管理呢？广义的管理可以理解为不仅包括组织中的管理活动，而且还包括个人对自己活动的安排；狭义的管理仅指组织中的管理活动。我们在管理学中所提到的管理一般是指狭义的组织内的管理。正因如此，我们可以给出一个关于管理的一般定义：管理是在特定的环境中，管理者通过计划、组织、领导、控制等活动来协调、组织所拥有的人、财、物、信息、技术等资源，以高效的方式达成组织目标的过程。

这一概念包含以下 5 个方面的含义，如图 1 - 1 所示。

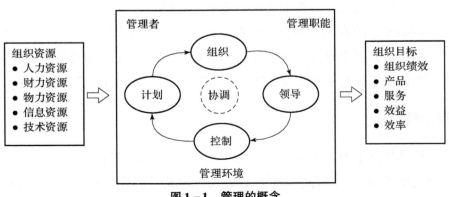

图 1 - 1　管理的概念

（1）管理的目的是有效地实现预期的目标。管理是为实现组织目标服务的，是一个有意识、有目的的活动过程。强调目的就是要选择"做正确的事"，这关系到管理活动的效益问题；注重过程就是要重视"正确地做事"，这关系到管理活动的效率。管理的作用在于它的有效性。有效的管理，就是既要讲究效益，又要讲究效率。优秀的管理者做事是既有效益又有效率的。有效益就是要我们确定正确的目标，有效率就是通过最小的资源投入实现组织的目标，也就是最优化地利用组织的各种资源。最好的管理者要保持对效益和效率两者的共同关注，也就是"正确地去做正确的事"。

（2）管理工作的过程是由一系列相互关联的活动构成的，包括计划、组织、领导和控制，它们是管理的基本职能。

（3）管理的本质是协调。要实现组织目标，就必须使资源与职能活动协调。管理的主要任务就是协调组织中的各种资源，包括人力资源、物力资源、财力资源、信息资源和技术资源等。而管理职能执行的直接结果也是将资源与活动协调起来。管理工作就是通过综合运用组织中的各种资源并协调利用这些资源的职能活动来实现组织目标。

（4）管理者是实施管理职能的主体。各种组织并不会自动运转，它们都必须经过管理者来加以管理。管理者素质是直接影响一个组织绩效的关键因素。组织目标的确定及其实现、组织成员工作的创造性与积极性、组织运作效率的高低，无不取决于管理者及其运用的管理方式和管理方法。因此，管理者是管理系统中最核心、最关键的因素。

（5）管理工作是在一定的环境条件下开展的。环境既提供了机会，也构成了威胁。在管理工作中要正视环境因素的存在：一方面，要求组织为创造优良的社会物质环境和文化环境尽其社会责任；另一方面，管理的方法与技巧必须因环境条件的不同而随机应变，没有一种在任何情况下都能奏效的、通用的、万能的管理方法。审时度势、因势利导、灵活应变，对管理的成功是至关重要的。

需要强调的是，随着人类知识的积累，对客观规律认识的深化，人类社会的各种管理组织、制度、方法也日趋完善，管理学也取得了相当长足的进步，人们对管理的理解也将不断创新，并越来越深刻。因此，管理是一个动态的、发展的概念。

二、管理的性质

管理，从其最基本的意义来看，一是组织劳动，二是指挥、监督劳动，即具有同生产力社会化生产相联系的自然属性，以及同生产关系、社会制度相联系的社会属性，这就是通常所说的管理的二重性。从管理活动过程的要求来看，既要遵循管理过程中客观规律的科学性要求，又要体现灵活协调的艺术性要求，这就是管理所具有的科学性和艺术性。

1. 管理的二重性

马克思在《资本论》中指出，一切规模较大的直接社会劳动或共同劳动，都或多或少地需要指挥，以协调个人的活动，并执行生产总体的运动——不同于这一总体的独立器官的运动——所产生的各种一般职能。凡是直接生产过程具有社会结合过程的形态，而不是表现为独立生产者独立劳动的地方，都必然会产生监督劳动和指挥劳动。列宁指出，资本主义在这方面的最新成就——泰勒制，同资本主义其他一切进步的东西一样，既是资产阶级剥削的最巧妙的残酷手段，又包含一系列的最丰富的科学成就。

这就是说，一方面，管理是由有许多人进行协作劳动而产生的，是由生产社会化引起的，是有效地组织共同劳动所必需的，它具有同生产力、社会化大生产相联系的自然属性。它反映了社会劳动过程的一般要求，是各种不同生产方式下共有的一系列经验和相关科学方法的总结。另一方面，管理又是在一定的生产关系条件下进行的，必然体现生产资料占有者指挥劳动、监督劳动的意志，因此，它具有同生产关系、社会制度相联系的社会属性。管理的社会属性，在实际中还常常表现为一种文化"属性"，管理将自然资源与人文资源联系起来，最终目的是要产生效益，创造出新的生产力。

学习和掌握管理的二重性对我们学习和理解管理学、认识我国的管理问题、探索管理活动的规律，以及运用管理原理来指导实践，都具有非常重要的现实意义。

2. 管理的科学性与艺术性

管理是人类的重要社会活动，存在着客观规律。近一个世纪以来，经过众多的学者与实业家的探索、总结，管理已形成了反映管理过程客观规律的理论体系，并在管理实践中应用管理原则与原理，使管理成为在理论指导下的规范化的理性行为。孔茨在《管理学精要》中曾指出，管理作为一门科学尽管是粗糙的，但毕竟已有了它自己不同于其他学科的独特的学科知识体系。

管理作为一门科学，就如同医学对于医生的作用一样，是管理人员所必需的。没有系统的医学知识指导的医生跟"巫医"没有两样；同样，缺乏系统的管理理论指导的管理人员也很难成为一个有效的管理者。管理者如果没有管理科学知识，不具备一定的管理理论，要进行管理必然依靠经验，或是凭直觉、碰运气；而有了系统化的科学管理知识，就有可能准确地把握管理环境的变化，进行科学的预测决策，对管理实践中存在的问题能找出可行的、正确的解决办法。不承认管理的科学性，不按规律办事，违反管理的原理与原则，随心所欲地进行管理，必然会受到规律的惩罚，最终导致管理的失败。

但是，就像仅仅阅读《游泳指南》未必能游泳一样，对管理理论的了解也并不能保证你成为一个出色的管理人员。懂得管理原理和管理基本知识，并不意味着在实践中你就能正确地运用它。如果只凭书本知识来开展管理，无视实践经验的积累，无视灵活运用理论的能力，是注定难以达到预期效果的。从这种意义上说，管理不仅是一种知识，更是一种实践；不仅是一门科学，更是一门艺术。

管理的艺术性就是强调其实践性，强调其在实践中富有创造性的运行方式和方法。管理理论并不能为管理者提供解决一切问题的标准答案，管理所面临的问题与环境随时都在变化，因此没有可以重复被验证的、一成不变的规律可循。管理理论作为普遍适用的原理、原则，必须结合实际才能奏效。它要求管理者在管理实践中，既要运用管理理论和基本方法，又要发挥创造性，采取适宜措施，求得问题的解决，高效地实现目标。

把管理只当成科学，排斥管理的艺术，完全按管理原理与原则刻板地解决管理问题，仅仅借助原理来设计，靠背诵原理来管理，是必然会碰壁的。管理对象的复杂性和管理环境的多变性，决定了管理知识在实践中具有很强的技巧性和灵活性，很难用原理把它禁锢起来。因此，要成为一名合格的管理者，更重要的是在管理的实践中不断磨炼，不断创新，积累管理经验。

管理既是科学，也是艺术。说它是科学，是强调其客观规律性；说它是艺术，则是强调其灵活性与创造性。管理的科学性和艺术性并不互相排斥，而是相互补充的，管理是科学与艺术的结合。这种科学性与艺术性在管理的实践中相互作用，共同发挥管理的功能，促进目标的实现。在现代，既注重管理基本理论的学习，又不忽视在实践中灵活运用，是每一个管理者走向卓越的重要保证。

三、管理的职能

管理者怎样做才可以达到有效益和有效率呢？管理理论认为，主要是通过做好一系列基本工作。管理过程涉及哪些基本工作？也就是说，人类的管理活动具有哪些最基本的职能？

这个问题经过了许多人一百多年的研究，至今还是众说纷纭。最早对管理的具体职能加以系统阐述的是法约尔。他在 1916 年出版的《工业管理与一般管理》一书中把管理的具体职能分为计划、组织、指挥、协调和控制五项。其后，许多研究者又从不同的角度对管理的具体职能进行了探讨，出现了许多不同的学派。戴维斯等提出了

"三职能"说。认为管理的职能是计划、组织、控制；古利克则提出了"七职能"说，认为管理职能包括计划、组织、指挥、控制、协调、人事、沟通等。但从总体上来看，他们对管理职能的划分只是侧重点不同，繁简和表述不一，并没有原则上的区别。多数都是在法约尔的"五职能"的基础上作些适当的归并与组合。

1. 计划

既然组织是为了实现其使命和目标而存在的，那么首先就必须确定目标，并确定实现目标所需要的正确行动。计划工作是各级管理人员的首要职能，它领先于其他管理职能，并为它们奠定了基础。它预先限定目标，根据目标发展战略，确定达成目标的行动方案，以及派生出一系列子计划，为组织、部门和个人勾画出年度、月度和每日的行动路线。

2. 组织

管理者制订出切实可行的计划之后，就要筹划相关的资源去执行和完成既定计划，也就是要进行组织工作。组织工作就是依据既定的目标，对计划的实施进行合理的分工与合作，对有限的资源进行合理配置，使用并正确地处理人们相互关系的活动，也就是根据工作的需要与人员的特点，进行工作设计，通过授权和分工，将合适的人安排在合适的岗位，用制度规定各个成员的职责和上下左右的相互关系，形成一个有机的组织结构，使整个组织协调地运转。

3. 领导

仅仅有了目标和方案，仅仅规定了任务和分工，尚不足以使目标有效地实现。每一个组织都是由人和其他资源有机地结合而成的，人是组织中唯一具有能动性的因素。为了最大限度地发挥这种能动性的作用，管理者就必须运用职权和威信对组织成员施加影响，激励组织成员，指导下属的行动，选择最有效的沟通途径，努力营造一种使组织中的成员以饱满的热情、高昂的士气为实现组织目标而努力奋斗的氛围。

4. 控制

全面的计划，严密的组织，出众的领导，这些并不能确保成功。组织是在复杂多变的环境中生存和发展的，每时每刻都会遇到各种意想不到的障碍和困难，必须应对各种各样的新问题和新情况。为了确保组织目标的顺利实现，管理者必须自始至终对组织的各项活动进展情况进行检查，发现或预见到偏差后及时采取措施予以纠正，保证组织活动按计划进行。这便是管理的控制职能。它提出并回答"实际的结果与目标一致吗？"这样的问题。控制的实质就是使活动符合计划。计划是控制的前提，为控制提供目标和标准，没有计划就不存在控制；控制是实现计划的手段，没有控制计划就不能顺利进行。控制在整个管理活动中起着承前启后的连接作用。由于控制，管理活动得以周而复始地不断循环。

管理的四项职能之间是相互联系的，管理正是通过计划、组织、领导、控制这四个基本过程来展开和实施的。上述四项职能是相互联系、相互制约的。其中计划是管理的首要职能，是其他职能的依据；组织、领导和控制是计划得以实现的必要手段。只有统一协调这四个方面，才能施行有效的管理。

需要说明的是，人们对管理职能的认识是不断深化的。对于计划、组织、领导和控制这四个基本职能，早在20世纪初管理界已有认识。时至今日，这种认识也未发生根本性的变化。只是随着管理理论研究的深化和客观环境对管理工作要求的变化，人们对管理的职能又有了进一步的认识。这一方面表现在人们对于上述各项基本职能所涵盖的内容和所使用的方法加深了理解；另一方面，人们在此基础上又提出了一些新的管理职能，或者更准确地说，是对原有四个职能的某些方面进行强调，从中分离出新的职能。

决策职能从20世纪50年代开始受到人们的特别重视。管理就是决策，决策贯穿于管理的全过程。可以说管理工作是由决策的制定和决策的执行两大部分活动所组成。决策渗透于管理的所有职能之中，所以管理者在某种意义上也称为决策者。

创新职能受到重视始于20世纪60年代。创新，就是使组织的作业工作和管理工作不断地有所革新、有所变化。只有不断创新，组织才能在急剧变化、竞争日益激烈的环境中持续发展。所以有人认为，21世纪是知识经济时代，知识经济就是创新。创新，是组织的灵魂，是21世纪管理者所应具有的最重要素质。

有人认为，协调也是管理的一项单独职能。然而，把协调看作是管理的核心似乎更确切一些。因为归根结底，管理工作就是设计和保持一种环境，使身处其间的人们能够在组织内协调地开展工作，从而能有效地完成组织的目标。可以说，每一项管理职能的开展，都是为了更好地促进协调。有了协调，组织可以收到个人单独活动所不能收到的良好效果，这就是通常所说的 $1+1>2$ 的协同效应。

第二节　管理者的类型、角色与技能

顾名思义，"管理者"就是"干管理工作的人"。如果从"管理"的定义来看，"管理者"就是组织中干"计划、组织、领导、控制"工作的人，是为了保证组织业务活动有效运行和组织目标实现而从事管理活动的管理人员。实际上，组织中有另一类人员，或者说是非管理者，即作业人员、操作人员等，他们通常直接从事组织业务活动，如工厂的工人、学校的教师、医院的医生、军队中士兵等。作业人员与管理者的划分只是相对的，不是绝对的。管理者也会承担一些作业人员的工作。比如，学校的校长、院长在从事学校管理工作之外，可能会承担指导学生、授课的任务；医院的院长在管理医院的行政工作之外，可能会承担给病人会诊、手术等工作，这都是在做作业人员的工作。

管理的主体是管理者。管理者的责任是管理一个组织，对管理效用承担着重大的责任。管理是让别人与自己一道去实现既定的目标，是通过他人把工作做好。因此，管理者需要不断完善自我，既要善于对组织所拥有的资源进行合理配置和有效使用，更要善于激励组织成员的工作热情，充分发挥人的积极性和创造性，实现组织预定的目标。

管理者通常关注的是其他人的工作，因此，管理者的工作有两个方面，一方面是协调下属工作的一切活动，即"工作方面的活动"，另一方面是管理者与下属人员本身相关的一切活动，即"人事方面的活动"。彼得·德鲁克认为管理有五项基本活动，即管理者主要从事：①确定目标（工作方面的活动）；②组织下属人员的工作（工作方面的活动）；③评价工作成绩（工作方面的活动）；④激励和沟通联系（人事方面的活动）；⑤培养人才（人事方面的活动）。

一、管理者的类型

在一个组织中，有各种各样的管理者，一般可以用两种不同的方法进行分类：一种方法是根据管理者在组织中的层次地位；另一种方法是根据管理者所负责的组织活动的范围。前者是根据等级制度进行的垂直划分，后者是根据职责范围进行的水平划分。

1. 按照管理者在组织中的层次划分

按照管理者在组织中的层次，可以把管理者划分为基层管理者、中层管理者和高层管理者 3 种类型，如图 1 - 2 所示。

高层管理者是指对整个组织的管理负有全面责任的人，例如董事长、总经理、校长等。他们的主要职责是，规划组织未来的发展方向，制订组织的总目标、总战略，掌握组织的大政方针并评价整个组织的绩效。高层管理者是组织内最高层次的人员，通常人数不多，但对一个组织的成败至关重要。因此，高层管理者很少从事具体的事务性工作，把主要精力和时间放在组织全局性或战略性问题的考虑上。高层管理者主要考虑组织的发展战略，侧重制订组织的总体行动计划、负责资源的统筹安排、沟通组织与外界的交往联系等。

图 1-2　管理者的层次

中层管理者通常是指处于高层管理者和基层管理者之间的一个或若干个中间层次的管理人员。他们一般有分厂厂长、地区经理、系主任、处长等职务。其主要职责是，贯彻执行高层管理人员的重大决策，指挥和协调基层管理人员的工作。与高层管理人员相比，中层管理人员更注重日常的管理事务。例如，根据上级的计划，把具体任务分配给各个基层单位，了解基层管理者的要求，解决困难，协调行动，检查工作，通过基层管理者的努力去带动第一线的操作者完成各项任务。

基层管理者是组织中最下层的管理者，是第一线的管理人员。在组织中，基层管理者可能称为主管、领班，在运动队中可能由教练担任，在政府机关中是指科长、股长。他们主要关心的是具体任务的完成。其主要职责是，直接指挥和监督现场作业员，保证完成上级下达的各项计划和指令。他们给下属作业人员分派具体工作任务，直接指挥领导操作者完成具体工作任务，保证各项任务的有效完成。

上述三个不同层次的管理人员，其工作内容和性质存在着很大的差别。基层管理人员主要关心的是具体工作的完成，他们直接和作业人员打交道，负责具体的战术性工作，在处理问题时，往往凭借的是丰富的工作经验和熟练的技术技能。在管理的四项职能中，基层管理人员领导职能的发挥较高层及中层管理人员更为重要。而高层管理人员则对组织长远目标和战略计划感兴趣，他们负责抽象的战略性工作，他们所关心的是如何制订战略计划，确定市场竞争地位，控制组织的发展态势，在处理问题时，往往依靠其丰富的战略思维和敏锐的洞察力。对于高层管理者而言，计划和控制职能的发挥显得更为重要。但是，高层、中层、基层管理者的划分是相对的，组织范围不同、规模不同，管理者所处的地位就不同，职责也不同。

2. 按照管理者所从事的工作领域划分

按照管理者从事的工作领域，可以把管理者划分为一般管理者和职能管理者两种类型。一般管理者是指负责管理整个组织的全部活动的人，如公司的总经理、医院的院长等。他们负责组织全面的经营活动。事业部经理与项目经理也具有和一般管理者相同的责任。前者负责事业部内部各项职能活动的协调，后者则需要协调来自几个职能部门的人员的活动。

职能管理者的管理活动仅仅涉及组织中的某一类职能。例如，生产经理仅对组织的生产活动负责，营销、人事、财务等其他职能活动则由其他职能管理者负责。职能管理者的下属人员从事相同性质的各种业务活动，如会计主管的下属人员分工处理记账、支票、工资、成本核算、审计等各种会计活动。

二、管理者的角色

美国著名管理学家彼得·德鲁克在 1955 年率先提出了"管理者的角色"概念，他认为，管理是一种无形的力量，这种力量是通过各级管理者体现出来的，所以管理者扮演着三种角色：管理一个组织、管理管理者、管理员工和工作。

（1）管理一个组织，求得组织的生存和发展。为此，首先，管理者需要确定组织存在的目的、组织要达到的目标并制订实现组织目标的途径；其次，管理者需要使组织通过各种管理活动获取最大利益；最后，管理者要保证组织"为社会服务"和为自身发展"创造顾客"。

（2）管理管理者。由于组织工作的任务有抽象和具体之别，加之管理者的能力和精力等因素的限制，组织设计分为不同的层次，最基本的管理层次可以划分为上层、中层和下层三个层次，处于每个层次上的人都是组织的管理者，同时，高层次的管理者又是低层次管理者的管理者。不管是哪个层次的管理者，都负有这样的职责：主导和影响被管理者，使之为了组织目标的实现积极工作和努力奋斗；构建适合的组织结构；培养被管理者的团体合作精神；培训下一层管理者，使其管理工作的技能得到提高。

（3）管理员工和工作。这是管理者的基本职责。管理者需要认识两个趋势，一是管理的工作性质是不断变化的，工作的承担者既有体力劳动者，也有脑力劳动者，而且随着科学技术的发展，后者的数量大大增加，因而管理的方式需要探索；二是处理好与各级各类人员之间的关系已经变得越来越重要，这要求管理者能正确认识人的特性。人是复杂的且具有个体差异，因此，在管理过程中，管理者对员工和工作要有正确的认识，处理好各种人际关系。

明茨伯格把管理者的特定的管理行为定义为管理者的角色，提出了管理者扮演的三种类型、十种角色的理论。

（1）人际关系类型。这种类型具体表现为挂名首脑、领导者和联络者 3 种角色。

挂名首脑要履行组织与外界交往如主持签约、接待来访等许多法律性或社会性的例行义务。领导者角色是与下属沟通和建立关系，激励和培训员工，具体从事所有的有下级参与的活动。联络者的作用是保持同外界的接触和联系，从事与外部组织、合作伙伴、客户等保持联系的活动。

（2）信息传递类型。这种类型表现为接收和传递信息，以便管理者充当所在组织的神经中枢的角色。它具体表现为三个角色，即监察者角色、传播者角色、发言人角色。监察者角色是寻求和收集影响组织发展的内外信息的角色；传播者角色是要把组织的内外信息传达给组织有关成员的角色；发言人角色是把组织的某些信息向外界宣布的角色。

（3）决策制定类型。即做出事关组织生存发展的重大决策的角色。它具体表现为四个角色，即发起者角色、麻烦处理者角色、资源分配者角色和谈判者角色。发起者角色充当改革和创新的发起者、设计者和鼓动者的角色；麻烦处理者角色是当组织遇到重大的难以预料的困难时采取纠正行动的角色；资源分配者角色充当分配组织各种资源的角色；谈判者角色是作为组织的代表负责对外谈判事宜的角色。

明茨伯格指出管理者要扮演的这十种角色虽然是不同的，但却是高度相关的。管理者要扮演这么多角色的原因是由管理的环境决定的。管理面临着竞争者、供应者、顾客、雇员、政府等复杂的环境，要适应环境，就必须与它们打交道，扮演诸多角色。这些角色之间存在着密切的关联，从系统论的观点看，管理者角色的三大类型之间构成一个投入与产出系统。由权威和地位决定管理者要担当的人际关系角色，这个角色决定了投入（信息传递角色），投入又导致产出（决策角色）。明茨伯格提出的角色，基本上可以归入一个或几个职能中，比如资源分配角色就是计划的一个部分，组织家角色也属于计划职能，所有人际关系的三种角色都是领导职能的组成部分，而其他大多数角色也与四个职能中的一个或多个相吻合。管理者角色与职能理论是分别从不同的角度对管理者从事的工作进行的分析，二者并不矛盾，不一定肯定一个就要否定另一个。两种理论对管理活动的分析可以说相得益彰，相互补充，因而具有积极的意义。

三、管理者的技能

不论属于何种类型、处于什么层次的管理者，都需要具备一些管理技能。究竟需要具备哪些技能，管理学家们提出了许多说法，其中以美国学者罗伯特·卡茨提出的观点最具代表性。他认为管理者要具备 3 种技能：即技术技能、人际技能和概念技能。

1. 技术技能

技术技能是指使用某一专业领域内有关的工作程序、技术和知识完成组织任务的能力。对于管理者来说，虽然不一定要成为精通某个行业、某个领域的专家，但却不能是所从事工作的"门外汉"，否则不能胜任管理工作。

2. 人际技能

人际技能是指处理人际关系的能力：对一个组织的管理者来说，不可避免地要处理与上级、同级和下级的关系。因此，管理者要具有说服上级、团结同级、带动下级工作的能力。同时，还要能够协调组织与外界的关系，形成人际关系网。

3. 概念技能

概念技能是能够洞察组织及组织所处环境的复杂性，并能根据环境的变化迅速作出对某种客观事物的发展规律的抽象概括的思维能力。管理者在面对复杂的环境变化时，要能够认清组织的优势和劣势，准确地把握机会，迅速作出有利于组织发展的决策。因而这种思维能力和决断能力十分重要。

以上3种技能是任何层次的管理者都要具备的。只是随着管理者的管理层次的变化而各有侧重而已，如图1-3所示。一般来说，高层管理者的技能要求：概念技能最高，人际技能较低，技术技能最低；中层管理者的技能要求：人际技能最高，概念技能居次，技术技能最低；基层管理者的技能要求：技术技能最高，人际技能居次，概念技能最低。其中，人际技能对任何层次的管理者都至关重要。

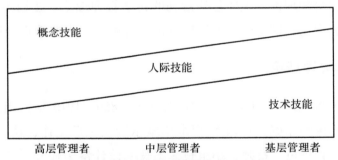

图1-3　各层管理者管理技能的不同要求

第二章　古典管理理论与人际关系理论

第一节　古典管理理论

工业革命使得生产在技术上转向大机器生产，企业规模迅速扩大，生产组织高度复杂化。在这种情况下，资本家单凭个人的经验和能力越来越难以独立完成管理企业的任务，因此一方面要求管理职能专业化，要求有专职的管理人员，建立专门的管理机构，另一方面对于规范的管理理论的需求也应运而生，要求对过去积累的管理经验进行总结提高，使之系统化、科学化并上升为理论，以指导实践，提高管理水平。在19世纪末期到20世纪20年代这个阶段，科学管理代替了传统的经验管理，出现了理论体系比较完整的管理理论，主要包括泰勒的科学管理理论、法约尔的一般管理理论和韦伯的行政组织理论，这个时期的管理理论通常称为"古典管理理论"。

一、泰勒的科学管理理论

弗雷德里克·W. 泰勒（Frederick W. Taylor，1856—1915年）出生于美国宾夕法尼亚州一个富裕的律师家庭，1878年到米德维尔钢铁工厂工作，从一名学徒工开始，先后被提拔为车间管理员、技师、小组长、工长、设计室主任和总工程师。泰勒在这家工厂的经历使他了解员工们普遍怠工的原因，他认为缺乏有效的管理手段是妨碍生产率提高的主要因素，因此有必要探索科学的管理方法和理论。泰勒不断在工厂实地进行管理试验，系统地研究和分析员工的操作方法和动作所花费的时间，于1911年撰写了《科学管理原理》一书，提出了科学管理理论，被管理界誉为"科学管理之父"。

泰勒对科学管理作了定义，他认为"诸种要素——不是个别要素的结合，构成了科学管理""科学，不是单凭经验的方法。协调，不是不和别人合作，不是个人主义。最高的产量，取代有限的产量。发挥每个人最高的效率，实现最大的富裕。"泰勒认为，科学管理的根本目的就是谋求最高劳动生产率，工作效率的提高应当成为雇主和雇员达到共同富裕的一种共同的追求。要达到最高的工作效率，一方面要用科学化的、标准化的管理方法代替经验管理，通过科学制定劳动定额标准实现员工们智力与体力的最大程度发挥，另一方面要建立一种全新的报酬制度作为回报，以维持、提高员工们的积极性。

1. 科学管理的基本原理

泰勒提出的科学管理理论要点具体包括：

1）工作定额原理

泰勒认为管理的中心问题是提高劳动生产率。为了改善工作表现，必须要改变过去那种以估计和经验为依据的方法，通过科学手段制定合理的劳动定额。为此，泰勒提出要设立一个专门制定定额的部门或机构，这个部门的主要任务是工作日写实、测时和动作研究，记录分析员工工作时动作的合理性，去掉多余的动作，改善必要动作，进行科学的测量和计算，规定出完成每一个单位操作的标准时间，制定出工作定额，他认为这样的工作定额应当以"第一流的员工在不损害其健康的情况下，维护较长年限的速度"为标准，"在这些试验中，我们并不想去探索一个人在一次短促突击或三两天中最多能干多少活，我们所研究的是在一个整劳动日里，一个一流员工工作的实际构成是什么；一个员工能年复一年地正常地完成一个劳动日的最佳工作量，下班后仍然精神旺盛。"这才是有科学依据的员工的"合理日工作量"。工作定额是与这些人在工作中使用的基本操作或动作的精确序列为依据的，将最快最好的动作和最佳工具组合在一起，成为一个序列。

2）能力与工作相适应原理

泰勒认为，管理者应当对员工进行科学的选择、培训与晋升，应当选择合适的员工安排在合适的岗位上，并培训员工使用标准的操作方法，使之在工作中逐步成长。

泰勒指出，健全的人事管理的基本原则是使员工的能力同工作相适应，管理当局的责任在于选择有工作意愿并且体力、脑力、经验和技能与工作相适应的员工，培训他们成为第一流的员工，同时还要激励他们尽最大的力量来工作，最大限度地挖掘最适宜于这项工作的人的最大潜力，才有可能达到最高效率。因此对任何一项工作必须要挑选出第一流的员工即头等员工，然后再对第一流的人利用作业原理和时间原理进行动作优化，以使其达到最高效率。

对于如何使员工成为第一流员工，泰勒不同意传统的由员工挑选工作，并根据各自的可能进行自我培训的方法，而是提出管理人员要主动承担这一责任，科学选择并不断地培训员工。泰勒指出，管理人员的责任是细致地研究每一个员工的性格、脾气和工作表现，发掘他们的能力，更重要的是发现每一个员工向前发展的可能性，并且逐步地系统地训练，帮助和指导每个员工，为他们提供晋升的机会。这样才能使员工担任最高、最有兴趣、最有利、最适合他们能力的工作。这种科学的选择与培训员工并不是一次性的行动，而是每年要进行的长期性工作。

3）标准化原理

泰勒认为，科学管理是过去曾存在的多种要素的结合。员工提高劳动生产率的潜力是非常大的，要最大限度地挖掘这种潜力，就必须用科学知识代替个人经验，一个很重要的措施就是实行工具标准化、操作标准化、劳动动作标准化、劳动环境标准化等标准化管理，用文件形式固定下来，只有实现标准化，才能使员工利用标准设备、在标准条件下工作，才能对其工作成绩进行公正合理的衡量。

泰勒不仅提出了实行标准化的主张，而且也为标准化的制定进行了积极的试验。在搬运生铁的试验中，泰勒得出的结论是，一个适合做搬运工作的员工，在正常情况下，一天至少可搬 47.5t 铁块；在铲具试验中，他得出的结论是，铁锹每次铲物在重 9.5kg 时，劳动效率最高；在长达 26 年的金属切削试验中，他得出了影响切割速度的 12 个变量以及反映它们之间相关关系的数学公式，为工作标准化、工具标准化和操作标准化的制定提供了科学的依据。

泰勒认为标准化对劳资双方都是有利的，实行标准化之后，不仅每个员工的产量将大幅增加，工作质量大为提高，得到的工资更高，而且使员工建立一种用科学的工作方法，使公司获得更多的利润。

4）差别计件工资制

泰勒认为提高并维持员工积极性的关键手段是实行具有激励性的计件工资报酬制度，对完成和超额完成工作定额的员工以较高的工资率计件支付工资，对完不成定额的员工，则按较低的工资率支付工资。

在提出差别计件工资制之前，泰勒详细研究了当时资本主义企业中所推行的工资制度，例如日工资制和一般计件工资制等，其中也包括对在他之前由美国管理学家亨利·汤提出的劳资双方收益共享制度和弗雷德里克·哈尔西提出的工资加超产奖金的制度。经过分析，泰勒认为，已有的工资制度所存在的共同缺陷，就是不能充分调动员工的积极性，不能满足效率最高的原则。

泰勒提出的差别计件工资制方案主要有两点：①制定差别工资率。即按照员工是否完成定额而采用不同的工资率。如果员工能够保质保量地完成定额，就按高的工资率付酬，以资鼓励；如果员工的生产没有达到定额就将全部工作量按低的工资率付给，并给以警告，如不改进，就要被解雇。②按照员工的业绩支付工资而不是根据职位和工种支付工资。也就是说，每个人的工资尽可能地按他的技能和工作所付出的劳动来计算，而不是按他的职位来计算。其目的是克服员工"磨洋工"现象，同时也是为了调动员工的积极性。要对每个人在准时上班、出勤率、诚实、快捷、技能及准确程度方面作出系统和细微的记录，然后根据这些记录不断调整他的工资。

5）计划和执行相分离原理

泰勒认为应当建立专门的计划部门承担计划一类的工作，这类工作必须单独从一般的生产劳动中分离出来。

泰勒指出，在老体制下，所有工作程序都由员工凭个人或师傅的经验去干，工作效率由员工自己决定。由于这与员工的熟练程度和个人的心态有关，即使员工能够十分熟练地使用科学数据，但要他同时在机器和写字台上工作，实际是不可能的。泰勒深信这不是最高效率，必须用科学的方法来改变。为此，泰勒主张，由资方按科学规律去办事，要均分资方和员工之间的工作和职责。把计划职能与执行职能分开，并在企业设立专门的计划机构。

泰勒在《工厂管理》一书中为专门设立的计划部门规定了17项主要负责的工作，包括生产管理、设备管理、库存管理、成本管理、安全管理、技术管理、劳动管理、营销管理等各个方面。具体说来，计划部门的主要任务是①进行调查研究并以此作为确定定额和操作方法的依据；②制定有科学依据的定额和标准化的操作方法和工具；③拟订计划并发布指令和命令；④把标准和实际情况进行比较，以便进行有效的控制等工作。员工或工头从事现场的执行职能，按照计划部门制定的操作方法的指示，使用规定的标准工具，从事实际操作，不能自作主张或自行其是。

泰勒的这种管理方法改变了凭经验工作的传统做法，而代之以科学的工作方法，即找出标准，制订标准，然后按标准办事，将分工理论进一步拓展到管理领域，使管理思想的发展向前迈出了一大步。所以，泰勒提出的计划职能与执行职能分开，实际是把管理职能与执行职能分开；提出的设置专门的计划部门，实际是设置专门的管理部门；提出的均分资方和员工之间的工作和职责，实际是说让资方承担管理职责，让员工承担执行职责。这也就进一步明确了资方与员工之间、管理者与被管理者之间的关系。

泰勒提出科学管理基本原理之后，又提出了实施科学管理的核心问题——精神革命。在生产效率低下的情况下，雇主和雇员双方通过对抗和斗争追求各自利益的最大化，双方总是处于一种对立状态。泰勒认为，没有劳资双方的密切合作，任何科学管理的制度和方法都难以实施，难以发挥作用。通过科学管理手段获得的工作效率提高，可使总的利润得到增加，在新的利益分配机制下，只要雇主和雇员关注于生产效率就都可以得到利益的增加，雇主可以通过事业的发展追求更高的利润，由此给雇员带来更加丰厚的工资，这样就将雇主和雇员的利益相互联系在一起，实现双方的友好合作，互相帮助也就代替了对抗和斗争。因此，科学管理的实质是一切企业或机构中的员工们的一次完全的思想革命，是员工们在对待工作责任、同事、雇主态度的一次完全的思想革命，同时也是管理方面的工长、厂长、雇主、董事会对他们的同事、员工和对所有的日常工作问题责任上的一次完全的思想革命。没有双方的这种全面的心理革命，科学管理就不能存在。

2. 对科学管理的评价

1）泰勒科学管理理论的贡献

泰勒科学管理理论冲破了百多年沿袭下来的传统的经验管理方法，在历史上第一次使管理从经验上升为科学。其最大的贡献在于泰勒提倡在管理中运用科学方法。科学管理理论的精髓是用精确的调查研究和科学知识来代替个人的判断、意见和经验。泰勒在管理理论方面做了许多重要的开拓性工作，为现代管理理论的形成奠定了基础。

泰勒科学管理理论坚持了竞争原则。竞争原则体现为给每一个生产过程中的动作建立一个评价标准，并以此作为对员工奖惩的标准，使每个员工都必须达到一个标准并不断超越这个标准，而且超过越多越好。于是，随着标准的不断提高，员工就会不断保持进取心，生产效率也跟着提高。

泰勒科学管理理论的核心是寻求最佳工作方法，追求最高生产效率。他和他的同事们创造和发展了一系列有助于提高生产效率的技术和方法，如实践与动作研究技术、差别计件工资制等。这些技术和方法使当时的生产效率提高了两三倍，极大地推动了生产的发展，不仅是过去而且也是近代合理组织生产的基础。而且泰勒科学管理理论提出了计划（管理）与执行分离，企业中开始有人专门从事管理工作，这就使管理理论的创立和发展有了实践基础。

2）泰勒科学管理理论的局限性

泰勒科学管理理论对工人的看法是错误的。泰勒把工人看成是会说话的工具，只能按照管理人员的决定、指示、命令进行劳动。他曾说过："现在我们需要最佳的搬运铁块的工人，最好他蠢得和冷漠得像公牛一样。这样他才会受到有智慧人的训练。"泰勒科学管理理论把人看成是纯粹的"经济人"，认为人的活动仅仅出于个人的经济动机，工人最关心的是提高自己的金钱收入。

泰勒科学管理理论只重视技术因素，而忽视了人群社会因素。"标准作业方法""标准作业时间""合理工作量"，都是以身体强壮、技术最熟练的工人进行最紧张的劳动时所测定的时间为基础的，是大多数工人无法忍受和坚持的。

由于泰勒的自身条件、背景以及当时所处的社会条件，不可避免地会影响其进行"科学管理"研究的方法、效率、思路等，使其对管理的研究仅解决了个别具体工作的作业效率问题，没有关注解决企业作为一个整体如何经营和管理的问题。

泰勒的科学管理理论从提出到现在已经有了百年历史，其对管理学理论和管理实践的影响是深远的，科学管理作为管理理论的起源，使人们开始真正认识到管理学是一门建立在明确的法规、条文和原则之上的科学，它适用于人类的各种活动，从最简单的个人行为到经过充分组织安排的大型组织的业务活动。直到今天，科学管理理论中的许多思想和做法仍被许多国家参照采用。

二、法约尔的一般管理理论

亨利·法约尔（Henri Fayol，1841—1925 年）是欧洲杰出的经营管理思想家。法约尔在一个煤矿公司当了 30 多年的总经理，创办过一个管理研究中心，于 1916 年撰写了《工业管理与一般管理》，这标志着一般管理理论的形成，他被称为一般管理理论之父。他认为他的管理理论虽然是以大企业为研究对象的，但除了可应用于工商企业之外，还适用于政府、教会、慈善团体、军事组织以及其他各种事业单位。所以，法约尔被公认为是第一个概括和阐述一般管理理论的管理学家。

法约尔提出的一般管理理论的主要贡献是归纳了企业经营的六种基本活动，提出了管理的五种基本职能和一般管理的十四条一般原则。

1. 企业经营的基本活动

法约尔指出，企业无论大小，简单还是复杂，其全部活动都可以概括为六种基本活动。法约尔还提出经营和管理应分别定义，其中管理是六种基本活动之一。

六种基本活动分别是技术相关活动、商业相关活动、财务相关活动、安保活动、会计类活动和管理类活动。

（1）技术相关活动：包含产品的生产、制造和加工。

（2）商业相关活动：包含产品的销售、顾客的购买及交换。

（3）财务相关活动：包含企业筹备资金、管理、控制资金和使用资金。

（4）安保活动：包含企业厂房、设备，以及人员的财产和人身安全。

（5）会计类活动：包含清点库存、资金预算核算、统计资产及负债等。

（6）管理类活动：包含编制计划、管控计划、指挥执行、统筹及协调等。

不论企业大还是小、复杂还是简单，这六种活动总是存在的。这些活动并不是相互割裂的，它们之间实际上相互联系、相互配合，共同组成一个有机系统来实现企业生存与发展的目标。由于各个层次的员工是上述六种职能的具体执行者，各种职能的员工都需要具有相关方面的才能，所以他们必须具备这些能力才能胜任上述职能。

2. 管理的基本职能

法约尔归纳出了管理的五种要素，这是一般管理理论框架中最主要的一部分。这五种要素对应管理中的五项不同职能，这五项职能连贯在一起，组成了整个管理过程。这 5 项职能的内容如下：

1）计划职能

计划即预测未来、提前规划好未来的行动及时间节点，在管理职能中占据首要地位。优质的计划应包含以下四个主要特点：

（1）统一性，企业中的计划包含总体计划与各个子计划，子计划需要与总体计划保持目标、节点一致，各子计划之间也要相互依赖，具备一致性；

（2）连续性，企业计划包含长远计划和近期计划，近期计划需要前后衔接，保持长期计划的连续性；

（3）灵活性，计划执行过程中会面临各种变化，一个好的计划必须能够根据变化做出适当调整；

（4）精确性，计划应能对行动起到实际的指导作用，因此对其提出的要求或操作要力求精确。

2）组织职能

组织即企业对其人力资源和物质资源进行总体的架构，以确保该组织能以最有效的方式组织和协调相关资源，从而更顺畅地进行企业活动。

组织大体可以分为物质组织和社会组织两个部分。在配备了必要的物质资源以后，人员或社会组织就应该能够完成它的六种基本职能，即进行企业所有的经营活动。

3）指挥职能

即充分发挥组织的作用，指导员工做好相关工作，使员工发挥更大的价值。

4）协调职能

即沟通不一致的意见，调度企业的人力及物质资源，从而使各个部门的活动，以及员工的个人活动与企业目标一致。

5）控制职能

即监督和检验各项活动是否与计划保持一致，然后采取措施，执行校正，从而避免企业活动与企业计划和目标之间发生较大偏差。

3. 管理的一般原则

为了使管理者能够很好地履行各种管理职能，法约尔提出了管理的 14 条一般原则，内容如下：

1）劳动分工

法约尔认为，劳动分工属于自然规律，不只适用于技术工作，而且也适用于管理工作，应该通过分工来提高管理工作的效率。但是，法约尔又认为："劳动分工有一定的限度，经验与尺度感告诉我们不应超越这些限度。"

2）权力与责任

权力是令某种特定事件发生的能力，是要求和指挥别人服从的力量。责任是一种职责和任务。责任有两层含义：一层含义是需要履行的分内职责和任务；另外一层含义是如果未履行该职责，则应对未履行职责造成的后果承担责任。权责并存，拥有多少权力，就必然要承担多少责任。

3）纪律

法约尔认为纪律应包括两个方面，即企业与下属人员之间的协定和人们对这个协定的态度及其对协定遵守的情况。法约尔认为纪律是一个企业兴旺发达的关键，没有纪律，任何一个企业都不能兴旺繁荣。他认为制订和维持纪律最有效的办法是：①各级好的领导；②尽可能明确而又公平的协定；③合理执行惩罚。因为"纪律是领导人造就的……无论哪个社会组织，其纪律状况主要取决于其领导人的道德状况"。

4）统一指挥

统一指挥是一个重要的管理原则，按照这个原则的要求，一个下级人员只能接受一个上级的命令。如果两个领导人同时对同一个人或同一件事行使他们的权力，就会出现混乱。在任何情况下，都不会有适应双重指挥的社会组织。与统一指挥原则有关的原则是统一领导原则。

5）统一领导

统一领导原则是指："对于力求达到同一目的的全部活动，只能有一个领导人和一项计划……人类社会和动物界一样，一个身体有两个脑袋，就是个怪物，就难以生存。"统一领导原则讲的是，一个下级只能有一个直接上级。它与统一指挥原则不同，统一指挥原则讲的是，一个下级只能接受一个上级的指令。这两个原则之间既有区别又有联系。统一领导原则讲的是组织机构设置的问题，即在设置组织机构的时候，一个下级不能有两个直接上级。而统一指挥原则讲的是组织机构设置以后运转的问题，即当组织机构建立起来以后，在运转的过程中，一个下级不能同时接受两个上级的指令。

6）个人利益服从整体利益

企业为了持续长远的发展，必然有特定的企业目标。为了实现企业目标，作为企业中的一员，每一名员工都应该以企业大局为重，当个人利益与企业利益发生冲突时，应该遵循个人利益服从集体利益这项原则。

7）人员的报酬

法约尔认为，人员报酬首先"取决于不受雇主的意愿和所属人员的才能影响的一些情况，如生活费用的高低、可雇人员的多少、业务的一般状况、企业的经济地位等，然后再看人员的才能，最后看采用的报酬方式"。人员的报酬首先要考虑的是维持员工的最低生活消费和企业的基本经营状况，这是确定人员报酬的一个基本出发点。在此基础上，再根据员工的劳动贡献来决定采用的报酬方式。对于各种报酬方式，法约尔认为不管采用何种报酬方式，都应该能做到以下几点：①保证报酬公平；②能够奖励有益的努力和激发热情；③不应导致超过合理限度的过多的报酬。

8）集权与分权

企业中管理权的组织和分配可以有不同方式，既可以集中在高级管理层，也可以逐层下放到各级管理层，这种权力的组织方式就形成了集权组织和分权组织。如果组织采用集权的方式，因为权力都集中在高级管理层，所以具有便于统一领导和指挥的优点；但缺点是限制了下属人员的主观能动性，员工对领导的指令往往更倾向于教条地执行，当外部环境改变时难以灵活应对。相对集权而言，分权组织会将更多的经营或管理权限下放到各个管理阶层里。这种组织方式会大大提高员工的积极性与主观能动性。分权形式虽使管理较为灵活，但给统一管理和统筹协调带来了困难。由于无法简单判断集权组织或分权组织哪种方式更有优势，不同类型的企业或组织往往是将两种组织方式结合起来应用。只有适度地集权或分权才能达到较好的管理效果。

9）等级制度

等级制度是指从最高权力机构直到底层管理人员的领导系列。而贯彻等级制度的原则就是要在组织中建立这样一个不中断的等级链，这个等级链说明了两个方面的问题：①表明了组织中各个环节之间的权力关系，通过这个等级链，组织中的成员就可以明确谁可以对谁下指令，谁应该对谁负责；②表明了组织中信息传递的路线，即在一个正式组织中，信息是按照组织的等级系列来传递的。贯彻等级制度原则，有利于组织加强统一指挥，保证组织内信息联系的畅通。

但是，一个组织如果严格地按照等级系列进行信息的沟通，则可能由于信息沟通的路线太长而使得信息联系的时间长，同时容易造成信息在传递的过程中失真。因此，法约尔提出了"跳板"原则。

法约尔用图2-1来解释跳板原则：在一个等级制度表现为I—A—S双梯形式的企业里，假设要使它的F部门与P部门发生联系，就需要沿着等级路线攀登从F到A的阶梯，然后再从A下到P。在这一过程中，在每一级都要停下来。然后，再从P上升到A，从A下降到F，回到原出发点。非常明显，如果通过F—P这个"跳板"，直接从 F 到 P，问题就简单多了，速度也快多了。如果领导人 E 与 O 允许他们各自的下属 F 与 P 直接联系，等级制度就得到了捍卫；如果 F 与 P 立即向他们各自的领导人汇报他们共同商定的事情，那么，整个情况都完全合乎规则。只要 F 与 P 双方意见一致，而且他们的活动都得到了他们直接领导人的同意，这种直接关系就可以继续下去，而他们的协作一旦中止，或他们的直接领导人不再同意了，这种直接关系就中断，而等级路线又恢复了原样。

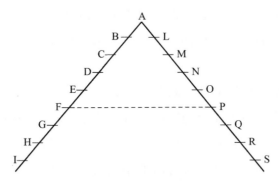

图 2 - 1 跳板原则的解释

法约尔认为，"跳板"原则简单、便捷，而且可靠，它减少了信息失真和时间延误，既维护了统一指挥原则，又大幅地提高了组织的工作效率。但是，必须事先请示，事后汇报。在实际工作当中，违反"跳板"原则的现象屡见不鲜，而怕负责任是这种现象的主要原因，换句话说，领导人管理能力不够是违反"跳板"原则的主要原因。

10）秩序

法约尔所指的秩序原则包括物品的秩序原则和人的社会秩序原则。对于物品的秩序原则，他认为，每一件物品都有一个最适合它存放的地方，坚持物品的秩序原则就是要使每一件物品都在它应该放的地方。贯彻物品的秩序原则就是要使每件物品都在它应该放的位置上。

对于人的社会秩序原则，他认为，每个人都有长处和短处，贯彻社会秩序原则就是要确定最适合每个人的能力发挥的工作岗位，然后使每个人都在最能使自己的能力得到发挥的岗位上工作。为了能贯彻社会的秩序原则，法约尔认为首先要对企业的社会需要与资源有确切的了解，并保持两者之间的长期平衡；同时，要注意消除任人唯亲、偏爱、徇私、野心、奢望和无知等弊病。

11）公平

法约尔把公平与公道区分开来。他认为，公道是实现已订立的协定。但这些协定不能什么都预测到，要经常地说明它，补充其不足之处。为了鼓励其所属人员能全心全意和无限忠诚地执行他的职责，应该以善意来对待他。公平就是由善意与公道产生的。也就是说，贯彻公道原则就是要按已定的协定办。但是在未来的执行过程中可能会因为各种因素的变化使得原来制订的"公道"的协定变成"不公道"的协定，这样一来，即使严格地贯彻"公道"原则，也会使员工的努力得不到公平的体现，从而不能充分地调动员工的劳动积极性。因此，在管理中要贯彻"公平"原则。"公平"原则就是"公道"原则加上善意地对待员工。也就是说在贯彻"公道"原则的基础上，还要根据实际情况对员工的劳动表现进行"善意"的评价。当然，在贯彻"公平"原则时，还要求管理者不能"忽视任何原则，忘掉总体利益"。

12）人员的稳定

法约尔认为，一个人要适应他的新职位，并做到能很好地完成他的工作，这需要时间。要使一个人的能力得到充分的发挥，就要使他在一个岗位上相对稳定地工作一段时间，使他能有一段时间来熟悉自己的工作，了解自己的工作环境，并取得别人对自己的信任。但是人员的稳定是相对的而不是绝对的，年老、疾病、退休、死亡等都会造成企业中人员的流动。对于企业来说，就要掌握人员稳定和流动的合适的度，以利于企业中成员能力得到充分的发挥。"像其他所有的原则一样，稳定的原则也是一个尺度问题。"

13）首创精神

法约尔认为，想出一个计划并保证其成功完成是一个聪明人最大的快乐之一，这也是人类活动最有利的刺激因素之一，这种发明与执行的可能性就是人们所说的首创精神，建议与执行的自主性也都属于首创精神。他认为，人的自我实现需求的满足是激发人们的工作热情和工作积极性的最有力的刺激因素，对于领导者来说，需要极有分寸地，并要有某种勇气来激发大家的首创精神。

当然，纪律原则、统一指挥原则和统一领导原则等的贯彻，会使得组织中人们的首创精神的发挥受到限制。

14）人员团结

人们往往由于管理能力的不足，或者由于自私自利，又或者由于追求个人的利益等而忽略了组织的团结。为了加强组织的团结，法约尔特别提出在组织中要禁止滥用书面联系。他认为在处理一个业务问题时，用当面口述要比书面快，并且简单得多。另外，一些冲突、误会可以在交谈中得到解决。

法约尔还强调，企业管理中存在各种可变因素，对于管理的十四条一般原则应该灵活掌握，适时变通。

4．对一般管理理论的评价

1）法约尔一般管理理论的贡献

虽然法约尔的管理思想和泰勒的管理思想都是古典管理思想的代表，但法约尔是以企业最高管理者的身份自上而下地研究管理的，关注的是企业作为一个整体如何经营和管理的问题。因此，法约尔管理思想的系统性和理论性更强，提出的管理理论比较全面。

虽然法约尔的管理理论是以企业为研究对象而建立起来的，但他首次指出管理理论具有普遍性，可以用于各个组织之中。他把管理视为一门科学。他关于管理职能的划分和分析为管理科学提供了一套科学的理论框架。后人根据这种框架，建立了管理学并把它引入了课堂。

（2）法约尔一般管理理论的局限性

法约尔一般管理理论的主要不足之处是他的管理原则缺乏弹性，以至于有时管理者无法完全遵守。以统一指挥原则为例，他认为，不论什么工作，一个下属只能接受唯一一个上级的命令，并把这条原则当成一条定律。这和劳动分工原则可能发生矛盾。当某一个层次的管理人员制订决策时，他就要考虑来自各个专业部门的意见或指示，但这是统一指挥原则不允许的。

三、韦伯的行政组织理论

马克斯·韦伯（Max Weber，1864—1920 年）出生在德国爱尔福特的一个中产阶级家庭，是德国著名社会学家和哲学家。韦伯于 1882 年进入海德堡大学攻读经济学和法律，之后又就读于柏林大学。韦伯还曾入军队服役，1888 年参与波森的军事演习，因而对德国的军队生活和组织制度有相当的了解，这对他今后建立组织理论有相当大的影响。韦伯不仅考察了组织的行政管理，而且广泛地分析了社会、经济和政治结构，深入地研究了工业化对组织结构的影响。

韦伯的思想体现在其著作《社会组织和经济组织理论》中，他提出了理想的行政组织体系理论，主张建立一种正式的、高度结构化的、非人格化的理想的行政组织体系，通过职务或职位来管理组织的所有活动。他认为这种行政组织体系是对个人进行强制控制的最合理手段，是达到目标、提高劳动生产率的最有效形式，在精确性、稳定性、纪律性和可靠性方面优于其他组织。他的理论是对泰勒管理理论和法约尔管理理论的一种补充，对后世的管理学家，尤其是组织理论学家有重大影响，因而在管理思想发展史上被人们称为"组织理论之父"。

1. 权力的分类

韦伯指出，任何一种组织都必须以某种形式的权力为基础，只有权力才可以消除组织的混乱，使得组织的运行有秩序地进行，才能实现其目标。

韦伯把权力划分为 3 种类型：第一种是理性的、法定的权力，也称为合法权利，指的是依法任命、并赋予行政命令的权力，组织内部的服从是对职务或职位的服从，依赖依法建立的一套等级制度，其依据是对标准规则的"合法性"的信念，或对那些按照标准规则被提升到有权指挥的人所具有的权力的信念；第二种是传统的权力，它是古老的、传统的、不可侵犯的权利，以这种权力的执行者的地位的正统性为依据；第三种是超凡的权力，是建立在对个人的崇拜和迷信的基础上的，其依据是对个别人的超凡的神圣、英雄主义或模范品质的崇拜。

韦伯认为，这 3 种纯粹形态的权力中，传统的权力的效率较差，因为其领导人不是按能力来挑选的，仅是单纯为了保存过去的传统而行事。超凡的权力感情色彩过于浓厚并且是非理性的，不是依据规章制度而是依据神秘或神圣的启示。所以传统的权力和超凡的权力都不宜作为行政组织体系的基础，只有理性和法定的权力才能作为行政组织的基础。因为理性的合法权利具有明确的职权领域、执行等级系列，可避免职权的滥用和权力行使的多样性，能保证经营管理的连续性和合理性，能按照才干来选拔人才，并按照法定的程序来行使权力，因而是保证组织健康发展的最好的权力形式。

2. 理想的行政组织体系

韦伯在《社会组织和经济组织理论》一书中提出了理想官僚组织体系理论，他认为建立一种高度结构化的、正式的、非人格化的理想的官僚组织体系是提高劳动生产率的最有效形式。

韦伯的理想行政组织结构可分为三层，其中最高领导层相当于组织的高级管理阶层，行政官员相当于中级管理阶层，一般工作人员相当于基层管理阶层。无论采用何种组织结构，都具有这三层基本的原始框架。

在实际生活中，可能出现各种组织形态的结合或混合，但为了进行理论分析，需要描绘出一种理想的形态。所以，韦伯提出的理想行政组织体系中，"理想"并不是指最合乎需要，而是指组织的"纯粹"形态。理想行政组织体系具有如下特征：

（1）确定的目标。组织是根据明文规定的规章制度组成的，并具有确定的目标，人员的一切活动，都必须遵守一定的程序，其目的是实现组织的目标。

（2）明确的分工。组织为了达到目标，把实现目标的全部活动进行划分，然后落实到组织中的每一个成员。在组织中的每一个职位都有明确规定的权利和义务，这种权利和义务是合法化的，在组织工作的每个环节上，都是由专家来负责的。

（3）完整的等级制度与指挥链。组织内部井然有序，具有完整的权责相互对应关系，各种职务和职位按等级制度的体系来进行划分，每一级的人员都必须接受其上级的控制和监督，下级服从上级。组织成员必须为自己的行动负责，作为上级来说必须对自己的下级拥有权力，发出下级必须服从的命令。

（4）服从授予明确职位的人的权威。在人员关系上，成员之间是一种指挥和服从的关系，这种关系不是由个人决定，而是由职位所赋予的权力所决定的，个人之间的关系不能影响工作关系。

（5）按职位的需要选拔人才。承担每一个职位的人都是经过挑选的，也就是说必须经过考试和培训，接受一定的教育获得一定的资格，由需要的职位来确定需要什么样的人来承担。人员必须是称职的，同时也是不能随便免职的。

（6）实行委任制。所有的管理人员都是委任的，而不是选举的（有一些特殊的职位必须通过选举的除外）。

（7）管理权与所有权分离。管理人员管理企业或其他组织，但他不是这些企业或组织的所有者。

（8）一套完整的薪金制度和升迁制度。管理人员有固定的薪金作为报酬，绝大多数有权享受养老金，工资等级基本上是按等级系列中的级别来确定的。管理人员有明文规定的升迁制度，有严格的考核制度，升迁是完全由他的上级来决定的，以防止破坏上下级的指挥系统。

（9）执行法规和纪律不受感情的支配。管理人员行使职务时受到严格而系统的纪律的约束和控制，不受个人感情的影响，适用于一切情况。组织对每个成员的职权和协作范围都有明文规定，使其能正确地行使职权，从而减少内部的冲突和矛盾。

3. 对行政组织理论的评价

（1）韦伯行政组织理论的贡献。韦伯的这一理论，强调组织的运转要以合理的方式（一套连续的规章制度）进行，降低人的随机、主观、偏见对整个组织运转的影响。适合于工业革命以来的大型企业组织的管理需要。对泰勒、法约尔的理论是一种补充，对后来的管理学家们，尤其是组织理论学家则有很大的影响。

（2）韦伯行政组织理论的局限性。韦伯的管理思想过分强调组织原则和恪守规章制度，从而抑制了成员的创造力、革新精神和冒险精神。同时他忽视了成员在情感方面的需求，忽视了在正式组织中存在着非正式组织，强调人际关系的非人格化，决策时只考虑规章和程序，会不利于调动员工积极性。

第二节　人际关系理论

20 世纪 20 年代末到 30 年代初，尽管古典管理理论在西方国家得到了广泛的接受和推广，对提高管理效率起到了积极的作用，但是，企业和社会问题并没有因此而得到解决，泰勒等管理学家们期望看到的"精神革命"并没有如期出现，这使得管理学者们重新开始探索造成组织效率下降的其他影响因素。最先对古典管理理论提出挑战的是以心理学家为主的专家，他们重视研究人的心理、行为等对实现组织目标的影响作用，取得了很多著名的理论成果。

一、霍桑试验

1924—1932 年，乔治·梅奥在美国霍桑工厂里进行了一项长期研究，最初关注物理工作环境对工人工作绩效的影响，试验意外发现了霍桑效应和非正式群体的存在。整个实验经历了四个阶段：

1. 阶段一：照明试验（1924—1927 年）

研究照明强度等物理工作环境对工作效率的影响，试验假设"提高工作车间的照明强度，有助于降低工人疲劳，使工作效率提升"。最初改善照明条件后，控制组和试验组的工人产量同样增加；之后控制组的照明不再变化，试验组的照明减弱，然而结果发现两组产量仍然增加，照明强度对工作效率影响甚微。被试工人曾提到，参加试验是莫大的荣誉，倍感自豪，从而激发了自身价值感、努力工作。

2. 阶段二：福利试验/继电器装配试验（1927—1932 年）

通过改变工作时长、工资计量方式、增加间休等，考察福利待遇对工作效率的影响。试验结果表明，无论福利待遇如何变化，工作效率均未受太大影响。被试工人同样提到，被选中参与试验使其感受到莫大的关注、信任和重视，自身价值得到肯定，从而激发工作责任感。

3. 阶段三：访谈试验（1928—1930 年）

进一步地，对西部电力公司的两万余名员工进行个别调查访谈，旨在了解基层员工真实的内心感受和工作态度，了解普通员工对公司的发展、政策、薪酬、工作条件及管理制度等方面的意见，了解员工的需求和愿望。试验发现，在物理工作环境和福利待遇都不变的情况下，员工通过访谈和倾诉而发泄不满和压力，部分员工的工作效率明显提高。

4. 阶段四：群体试验（1931—1932 年）

试验假设"在实施计件工资制度后，工人为获得更多报酬，将会提高工作效率"。但是试验结果表明，工人生产量普遍维持在中等水平，即被试群体自然形成了非正式群体/非正式组织，群体内部有一定行为规范，成员为维护整体利益（过多则突出自己、过少则影响总产量）而抵御物质诱惑。

二、人际关系理论的主要观点

根据霍桑试验，梅奥在 1933 年出版的著作《工业文明中人的问题》一书中，提出人际关系理论。其观点主要归纳为以下几个方面。

1. 工人是"社会人"而不是"经济人"

影响人们生产积极性的因素，除了物质方面，还有社会和心理方面（例如，他们追求人与人之间的友情、安全感、归属感、受人尊敬等），而后者更为重要。因此，不能单纯从技术和物质条件着眼，而应从社会和心理方面考虑合理的组织与管理。

2. 组织中存在着非正式组织

任何一个组织内，存在正式组织的同时，也存在非正式组织。非正式组织和正式组织是相对应的概念。正式组织是为了实现组织目标而明确规定各成员相互关系和职责范围的一种结构。古典管理理论仅注意正式组织的问题，如组织结构、职权划分、规章制度等。梅奥认为，人是社会动物，在组织的共同工作当中，人们必然相互发生关系，由此就形成了一种非正式团体。在该团体中，人们形成共同的感情，进而构成一个体系，这就是非正式组织。非正式组织形成的原因很多，有地理位置关系、兴趣爱好关系、亲戚朋友关系、工作关系等。总之，这种非正式组织确实存在，它在某种程度上左右着其成员的行为。

3. 领导者要善于正确处理人际关系

领导者要善于听取员工的意见，能够通过提高员工的满意感来提高士气，使组织中的每个成员能与其真诚、持久地合作，从而提高组织的生产效率。

梅奥的人际关系学说是组织行为理论的开端，后来发展成为管理学的一个重要的分支——行为科学。

三、对人际关系理论的评价

1. 梅奥人际关系理论的贡献

梅奥的人际关系理论克服了古典管理理论的不足，奠定了行为科学的基础，为管理思想的发展开辟了新的领域，使西方的管理思想进入行为科学管理理论阶段。

科学管理理论认为生产效率主要取决于作业方法、工作条件和工资制度。因此，只要采用合适的工资制度、改善工作条件、制订科学的作业方法，就可以提高员工的劳动生产率。人际关系学说的观点正好与泰勒"科学管理理论"对人的本性的基本认识相反，认为生产效率的高低主要取决于员工士气，而员工士气则取决于他们感受到各种需要的满足程度。在这些需要中，金钱与物质方面的需要只占很少的一部分，更多的是获取友谊、得到尊重或保证安全等方面的社会需要。所以，新型的管理人员应该认真地分析员工的需要，才能采取相应的措施，适时、充分地激励员工，达到提高劳动生产率的目的。

2. 梅奥人际关系理论的局限

梅奥人际关系学说的局限性主要有以下几方面：①过分强调非正式组织的作用。人际关系学说认为，组织内人际行为强烈地受到非正式组织的影响。实践证明，非正式组织并非经常地对每个人的行为有决定性的影响，经常起作用的仍然是正式组织。②过多地强调感情的作用，似乎职工的行动主要受感情和关系的支配。事实上，关系好不一定士气高，更不一定生产效率高。③过分否定经济报酬、工作条件、外部监督、作业标准的影响。事实上，这些因素在人们的行为中仍然起着重要的作用。

管理职能篇

第三章 计划职能

第一节 计划的含义和作用

一、计划的含义

在汉语中，"计划"一词的词性既可能是名词，也可能是动词。从名词意义上说，计划是指用文字和指标等形式所表述的，组织以及组织内不同部门和不同成员，在未来一定时期内，关于行动方向、内容和方式安排的管理文件。计划既是决策所确定的组织在未来一定时期内的行动目标和方式在时间和空间的进一步展开，又是组织、领导、控制和创新等管理活动的基础。从动词意义上说，计划是指为了实现决策所确定的目标，预先进行的行动安排。这项行动安排工作包括在时间和空间两个维度上进一步分解任务和目标、选择任务和目标的实现方式、进度规定、行动结果的检查与控制等。我们有时用"计划工作"表示动词意义上的计划内涵。

正如哈罗德·孔茨所言，"计划工作是一座桥梁，它把我们所处的这岸和我们要去的对岸连接起来，以克服这一天堑"。计划工作给组织提供了通向未来目标的明确道路，给组织领导和控制等一系列管理工作提供了基础，同时计划工作也要着重于管理创新。有了计划工作这座桥，本来不会发生的事，现在就可能发生了，模糊不清的未来也变得清晰实在。

无论在名词意义上还是在动词意义上，计划内容都包括"5W1H"，计划必须清楚地确定和描述这些内容：做什么（what）、为什么做（why）、何时做（when）、在哪里做（where）、谁来做（who）和怎样做（how）。

可以把计划定义为：对行动的预先设计，它是在决策目标的指导下，以预测工作为基础，对实现目标的途径作出具体安排的一项活动。计划工作主要与未来有关，是行动的前提。它需要对过去的信息情报加以科学的分析，进行系统的思考，并对潜在的问题进行研究，对未来进行准确的预测。在此基础上，设立组织的未来目标，确定达到目标的一系列政策和方法，最后形成一个完整的计划。

由于计划工作要求人们思考系统的实现，因而有利于更好地协调工作；它树立了明确的工作标准，便于事后控制和目标、战略和政策的落实，对突发事件比较有准备；它使参与工作的管理人员明确彼此的责任。因此，计划工作相对于计划来说更为重要。

二、计划工作的重要作用

计划工作在管理实践中具有非常重要的作用。计划工作能保证决策目标的实现，有利于各种资源的合理配置，预防意外情况对行动造成的干扰，为实施控制提供依据。计划工作是关于组织未来的蓝图，是对组织在未来一段时间内的目标和实现目标途径的策划与安排。近年来，随着科学技术的不断发展，生产规模不断扩大，分工与协作的程度越来越高，组织所面临的内部和外部环境的影响因素也越来越复杂。只有通过制订科学合理的计划，才能保证组织的生存和发展。计划工作的重要作用主要体现在以下几个方面。

1. 计划是管理者指挥的依据

管理者在制订计划之后，还要根据计划进行指挥。他们要分派任务，要根据任务确定下级的权力和责任，要促使组织中的全体人员的活动方向趋于一致而形成一种复合的、巨大的组织化行为，以保证达到计划所设定的目标。如国家要根据五年计划安排基本建设项目的投资，组织要根据年度生产经营计划安排各月的生产任务、新产品开发和技术改造。管理者正是基于计划来进行有效的指挥。

2. 计划是降低风险、掌握主动的手段

将来的情况是变化的，特别是当今世界处于一种剧烈变化的时代当中，社会在变革，技术在革新，人们的价值观念也在不断变化。计划是预期这种变化并且设法消除变化对组织造成不良影响的一种有效的手段。未来可能会出现资源价格的变化，出现新的产品和新的竞争对手，国家的政策、方针可能变化，顾客的意愿和消费观念也会变化，如果没有预先估计到这些变化，就可能导致失败。计划是针对未来的，这就使计划制订者不得不对将来的变化进行预测，根据过去的和现在的信息来推测将来可能出现哪种变化，这些变化将对达成组织目标产生何种影响，在变化确实发生的时候应该采取什么对策，并制订出一系列备选方案。一旦出现变化，就可以及时采取措施。虽然，有些变化是无法预知的，而且随着计划期的延长，这种不确定性也就相应增大，这种情况的出现是由于人们掌握的与将来有关的信息是有限的，而未来的某种变化可能完全由某种偶然因素引起，但这并没有否认计划的作用。通过计划工作，进行科学的预测可以把将来的风险减少到最低限度。

3. 计划是减少浪费、提高效益的方法

计划工作的一项重要任务就是要使未来的组织活动均衡发展。通过对计划进行认真的研究，消除不必要的活动所带来的浪费，能够避免在今后的活动中由于缺乏依据而进行轻率判断所造成的损失。计划工作要对各种方案进行技术分析，选择最适当的、最有效的方案来达到组织目标。此外，由于有了计划，有利于组织中各成员统一思想，激发干劲，组织中成员的努力将合成一种组织效应，这将大幅提高工作效率从而带来经济效益。计划工作还有助于用最短的时间完成工作，减少迟滞和等待时间，减少盲目性所造成的浪费，促使各项工作能够均衡稳定地发展。计划工作对现有资源的使用可以经过充分的分析研究，使各部门都能明确整个组织的现状，减少闭门造车的工作方式，使组织的可用资源充分发挥作用，并降低成本。

4. 计划是管理者进行控制的标准

计划工作包括建立一些目标和指标，这是一份好的计划应包括的内容。这些目标和指标将被用来进行控制。也许这些目标和指标还不能被直接地在控制职能中使用，但它确实提供了一种标准，控制的所有标准几乎都源于计划。计划职能与控制职能具有不可分离的联系，计划的实施需要控制活动给予保证，在控制活动中出现的偏差，又可能使管理者修订计划，建立新的目标。

第二节　计划的类型

组织需要开展多种多样的活动，因此需要根据活动的具体形式制订多种多样的计划。根据不同的标准，可将计划分为不同的种类。常见的计划类型如表 3 – 1 所示。

表 3 – 1　计划的类型

分类原则	计划工作的类型
计划的广度	战略计划、战术计划、作业计划
计划的时间	长期计划、中期计划、短期计划
计划的对象	综合计划、局部计划、项目计划
计划的范围	政策、程序、规则
计划的表现形式	正式计划、非正式计划
计划的约束力	指令性计划、指导性计划
计划的职能	销售计划、生产计划、供应计划、劳资计划、技改计划、新品开发计划、财务计划等

一、战略计划、战术计划和作业计划

按计划的广度，可把计划分为战略计划、战术计划和作业计划。

1. 战略计划

战略计划是由高层管理者制订的，涉及组织长远发展目标的计划。它的特点是具有长期性，一次计划可以决定在相当长的时期内大量资源的运动方向；由于它的涉及面很广，相关因素较多，这些因素的关系既复杂又不明确，因此战略计划要有较大的弹性；战略计划还应考虑许多无法定量化的因素，必须借助于非确定性分析和推理判断才能对它们有所认识。战略计划的这些特点决定了它对战术计划和作业计划的指导作用。

2. 战术计划

战术计划是由中层管理者制订的，涉及组织生产经营、资源分配和利用的计划。它将战略计划中具有广泛性的目标和政策，转变为确定的目标和政策，并且规定了达到各种目标的确切时间。战术计划中的目标和政策比战略计划具体、详细，并具有相互协调的作用。此外，战略计划是以问题为中心的，而战术计划是以时间为中心的。一般情况下，战术计划是按年度分别拟定的。

3. 作业计划

作业计划是由基层管理者制订的，它规定总体目标如何实现的细节。作业计划只涉及较短的时期和较小的范围，它根据战术计划确定计划期间的预算、利润、销售量、产量等更为具体的目标，确定所需的工作流程和工作进度，分配人员、任务和资源。在作业计划中不仅要有目标，而且要提供实现目标的方法。

二、长期计划、中期计划和短期计划

根据计划跨越的时间长短可以把计划分为长期计划、中期计划和短期计划。

长期计划描绘了组织在一段较长时期（通常为 5 年以上）的发展蓝图，它规定在这段较长时间内组织以及组织的各部分从事的活动应该达到什么样的状态和目标。长期计划为组织发展确定远景目标和方向，它会有力地促进组织活动的长期行为。长期计划一般为解决战略目标服务。

中期计划规定了组织总体和各部分在间隔相对较短的时段（通常为 1~5 年）从事的各种活动应该达到的目标和水平。中期计划在长、中、短期计划中，起着承上启下的作用。它是长期计划的具体化，是短期计划的指导和前提。中期计划一般比长期计划使用得更广。

短期计划具体规定了组织总体和各部分在目前到未来的各个相对较短的时段（通常为一年或一年以内）特别是最近的时段中所应该从事的各种活动及从事该种活动所应达到的水平。短期计划是中期计划的具体化。

计划的这种划分不是绝对的。有的大组织可能要以 10 年甚至 10 年以上作为长期计划，而对于有的中小型组织来说，2 ~ 3 年作为长期计划可能已经足够。对于不同组织的计划期限的确定，应该根据组织的特点以及计划本身的任务具体情况具体分析，千万不可一概而论。对于一项计划而言，计划期限的长度以制定者对未来认识的可能性，以及实现计划任务的可能为限。因此，如果组织的本身业务以及所处的环境变化较大，则计划的灵活性应加大，期限就应缩短。反之则延长。在一定时期内，由于各类工作的特点不尽相同，组织内部的各种计划的期限也不一定相等。

三、政策、程序和规则

按计划的范围可分为政策、程序和规则。一般来说，政策的应用范围最大，其次为程序，规则的应用范围最小。

政策是组织对成员做出决策或处理问题所应遵循的行动方针而制订的计划，是指导和沟通决策思想的明文规定，可以用文字描述，也可以结合数字进行。政策是用来指导决策的，一般由组织的最高管理层制订。政策给管理人员一个原则性方向和要求，鼓励（而不是约束）下级自由处置（在一定范围内），越是高层，自由处置权越大。制订政策有助于授权，政策应保持稳定性和连续性，否则会使下级在决策中导致短期行为。

程序也是一种应用广泛的计划，它规定了一个具体问题应该按照怎样的时间顺序来进行处理。程序处理例行问题的步骤、方法、标准，是组织成员直接采取行动的指导方针。政策的实施往往要有相应的程序，程序必须服从政策的指导。科学地制订程序，有助于提高管理工作的效率和质量。在编制程序时，要充分考虑所要处理业务的实际情况，在保持稳定性的基础上要具有一定的灵活性。在条件变化时，要及时对程序进行检查，发现和纠正存在的问题，保证程序的有效性。组织中反复出现的问题和活动都应有相应的程序。

规则就是执行程序中的每一个步骤时所应遵循的原则和规章。它是一种最简单的计划，是控制人们在工作中的行为和态度的特定的常规计划。规则用允许或不允许、必须或不必须等建立行动指导准则，以提高管理的效能。规则与程序的区别：规则不规定时间顺序，而程序则强调时间先后；规则往往是程序的组成部分。规则、程序与政策的区别：规则和程序是政策的结果，二者都需要人们忠实执行，不具有自由处置权。规则也同样接受政策的指导。

四、指令性计划和指导性计划

1. 指令性计划

指令性计划是政府或上级主管部门下达的、具有强制约束力的计划，执行单位必须完成，具有以下特点：

(1) 强制性：必须严格执行，未完成可能面临行政或法律处罚。

(2) 明确性：目标、任务、资源分配等具体明确。

(3) 集中控制：常见于计划经济体制，政府直接调控关键领域。

(4) 适用领域：国防、重大基础设施、应急物资生产等关系国计民生的关键领域。

2. 指导性计划

指导性计划是政府或上级提出的参考性计划，主要依靠经济手段引导执行单位自愿实现目标，具有以下特点：

(1) 非强制性：执行单位可结合实际情况调整，无硬性约束。

(2) 灵活性：通过税收、信贷等政策激励，而非行政命令。

(3) 市场导向：与市场经济兼容，尊重企业自主权。

(4) 适用领域：一般竞争性行业、服务业等市场化程度较高的领域。

指令性计划和指导性计划两者的区别在于：

(1) 约束力：指令性计划必须完成，指导性计划仅为参考计划。

(2) 调控手段：指令性计划靠行政命令，指导性计划靠市场激励。

(3) 适用体制：指令性计划多见于计划经济，指导性计划多用于混合经济。

第三节　计划工作的步骤

计划工作不是一次性的活动，它是一个持续的过程。因为组织经营的环境持续变化，需要对计划进行修改与更新。一个完整的计划包含估量机会、确定目标、确定计划前提、拟定可行方案、评估方案、选定方案、编制辅助计划、编制预算 8 个步骤。但这 8 步骤不一定都是必需的，也不一定按此顺序执行。在工作实践中，可根据实际情况进行适当的删减。

一、估量机会

估量机会是在实际的计划工作开始之前就着手进行的一项工作，虽然不是计划的一个组成部分，但却是计划工作的真正起点。要制订切实可行的目标，就必须对未来可能的机会进行初步的了解并进一步清楚全面地掌握。管理人员需要清楚了解自己的优势和不足以及自己所处的地位,明白自己希望解决什么问题,为什么要解决这些问题以及能够从中获得什么。计划工作要求对机会做出切合实际的分析诊断。组织必须实事求是地评估自己的优势和劣势。既要看到自己的优势,根据自己的优势制订适宜的战略,又要对自己的劣势保持清醒的头脑,尽可能地回避劣势。对诸如财务状况、现有技术、有形设备、原材料等资源进行评估,可以在一定程度上了解组织实现其目标的能力。

估量机会的另一个重要方面是对外部环境进行评估。首先应界定组织的市场。通过进行市场研究和历史分析,了解顾客的需求和可能潜在的顾客。其次是确定竞争战略。组织应当了解主要竞争对手的优势和劣势,了解该领域技术的发展状况。另外,通过对经济状况及经济发展趋势进行分析,了解产品的销售和利润受经济状况因素的影响程度。

分析外部环境及寻求机会意味着需要收集大量的数据和可靠的信息。在此基础上通过系统的分析和研究,寻求和分辨出存在的新机会,以此来求得组织的发展。

二、确定目标

计划的第二步是为整个组织选定目标,然后再为组织所属的下属部门确定目标。目标是组织行动的出发点和归宿,是计划的主要组成部分。它设定预期结果,指明组织和个体前进的方向。组织中存在着不同层次的目标。总目标规定了组织在今后几年的基本宗旨和主要方向,体现了组织的整体发展战略。具体的目标以及辅助目标应与总目标一致。

目标的制订通常采用由上到下的方式。首先,由组织的高层管理者在估量机会以及其他有关工作的基础上制订出组织在某段时期内的总体目标;然后在对总体目标进行确认并充分认知的基础上,确定并量化各项具体目标,防止组织目标的空洞化和抽象化。当各项具体目标确认后,还需要对其优先顺序进行排列。在一定的时间和条件下,具体目标的重要性不可能是一样的。必须确定各项具体目标的重要程度,从而相应地确定资源分配的顺序和政策。辅助目标在总体目标和具体目标的基础上制订,为实现上述目标提供保障。

组织目标的制订必须与组织的内外部环境适应,必须与组织成员的利益和期望值一致。这有助于提高组织成员的士气和积极性,保证最终实现目标。组织目标应具有"可及性"和"挑战性"。具有挑战性的目标是激励组织成员的动力,使得组织成员能够充分调动自身的潜能去实现看似不可能的目标。具有可及性的目标又能保证目标是现实的而非不切实际。

三、确定计划前提

计划工作的第三步是确定计划前提。计划工作的前提条件就是计划工作的假设条件，即计划实施时的预期环境。确定计划前提，就是要对组织未来的内外部环境和所具备的条件进行分析和预测，弄清计划执行过程中可能存在的有利条件和不利条件。有利条件是一种机会，看不到有利条件或对有利条件估计不足，就有可能编制出保守落后的计划，从而错失良机。不利条件是一种威胁，不承认或不充分考虑它，就有可能编制出冒进的计划，从而给组织造成损失。对计划的前提了解得越透彻，组织的计划工作也就会做得越好。

要确定计划前提，需要进行以下几种预测：经济形势预测、技术发展预测、社会环境预测、销售预测和资源预测。但是组织的环境尤其是外部环境非常复杂，影响因素很多。要想对组织的环境的每一个细节进行预测和控制是不现实的，也是不经济的。我们所要确定的计划前提实际上是指那些对计划来说是关键性的和有重要影响的因素进行预测。由于环境面临不断的变化，因此需要提供多套备选的计划前提以提高其灵活性。同样，计划的前提也需要获得组织成员尤其是管理人员的认同和支持。可以从不同角度对计划前提进行分类：外部和内部的计划前提，定量和定性的计划前提，可控、部分可控和不可控的计划前提。

四、拟定可行方案

计划工作的第三步是拟定可行方案。很少有计划只有一种可行方案，完成某项任务总有许多种方案。通常若事务只有一种方法解决，那么这种方法多半是错误的或不是最优的。在拟定可行方案时，挖掘可行方案和正确抉择最佳方案同样重要。有些方案是比较明显的，而有些方案需要去挖掘才能发现。只有挖掘出各种可行方案，才可能从中抉择出最佳方案。要发掘多种可行方案，必须遵循民主、群策群力、开阔思路、大胆创新的原则。但是，由于条件的限制，我们又必须控制可行方案的数量。一般，在提出第一轮备选方案的基础上，结合专家意见和组织成员意见，从中初步选择出一定数量的可行方案。

五、评估方案

计划工作的第五步是评估方案。当拟定了各种可行方案后，必须对每一个方案的优缺点进行全面彻底的分析和比较。根据确定的目标和计划前提条件，对方案进行评估。评估方案要特别注意方案中妨碍达成目标的制约因素和隐患。对制约因素和隐患认识得越深刻，选择方案的效率就越高。既要考虑到确定性的可以用数量表示的因素，也要考虑不确定性的因素。如个人或组织的声誉等。衡量方案要采用总体的效益观点，对某部门或某项目标有利的不一定对全局和总体目标有利。

六、选定方案

计划的第六步是在方案评估的基础上，从各可行方案中选定最优的、最令人满意的方案。选定方案就是确定计划。在实践中，可能遇到同时有多个可取方案。根据实际情况可以选定多个最终方案。对方案的选择通常是在经验、实验和研究分析的基础上进行的。

所谓"前事不忘，后事之师"，说的就是经验在进行决策时的重要作用。但是若不顾目标的变化、环境的变化和计划前提的变化等诸多因素，只凭以往的经验形式，就很容易造成失误。或者高层管理者仅凭借自己的经验，而不去学习借鉴组织其他成员、专家的经验，也很容易走向失败。对于一些单凭经验和定量分析方法很难做出正确决定的问题，通常可以采用实验的方法。如新产品的试制、试销，技改方案的局部试点等。但是这种方法需要较大的投入，不宜多采用。而且，要正确设定实验的前提，保证实验结果和正式推广后结果的一致性。另外，还可以采取建立数学模型的方法进行研究与分析。这几种方法各有其优点和局限性，在实际工作中，往往综合应用这几种方法来选择最优或满意方案。

七、编制辅助计划

计划的第七步是编制辅助计划。在选定方案后，还需要进一步编制辅助计划以支持和保障总体计划的实施。一个总体计划的执行总是需要落实到各个具体的计划上。如某制药公司在作出开发某种新药的计划决策后，就需要编制一系列辅助计划，如研制计划、生产计划、销售计划和财务计划等。辅助计划的实施由各个职能部门和下属单位制订。在编制辅助计划前，有关部门和人员必须充分了解组织的总体计划的目标、计划前提、选择该计划方案的理由等，掌握总体计划的指导思想和内容。在编制辅助计划时，要协调并保证各辅助计划服从于总体计划，防止因追求部门目标和利益而影响总体目标的达成。协调各辅助计划的工作时间顺序，做到合理安排和统筹规划。

八、编制预算

预算是一种将资源分配给特定活动的数字性计划，是组织各种计划的综合反映，它包含了一个单位的经济目标，在计划中占有重要的地位。它既是评估计划方案优劣的重要标准，也是协调部门活动的主要手段。预算既是计划职能的一部分，也是控制职能的一部分。

预算有多种类型，如生产预算、销售预算、材料预算、人工预算、管理费用预算、资金预算和总预算等。预算也可分为固定预算、变动预算和零基预算。固定预算仅适用于一段时期内一定产量下计划的编制，不具有可变性和通用性。与此相反，变动预算却有可允许的变动范围。目前，很多组织都开始实行零基预算。零基预算在 1969 年由得克萨斯仪器公司（Texas Instruments）首次采用。该预算法是指在每个预算年度都从零开始，重新审查每项活动的费用和效益，并根据组织整体业绩的重要程度重新排出各项管理活动的优先顺序。在一个变化比较大的环境中，采用零基预算具有良好的效果。

计划工作是动态的过程，根据需要，在某些环节可以考虑反馈的作用，及时调整原来的计划方案，保证计划工作的有效性。

第四节　目标管理

一、目标的含义

计划工作的重要一步是确定目标。目标是指组织和个人活动所指向的终点或一定时期内所寻求的最终成果。这些成果可能是个人的、小组的或整个组织努力的结果。目标为组织成员指明了工作方向，为管理者提供了标准来衡量实际的绩效，是调动组织成员积极性和提高凝聚力的重要手段，是建立目标体系和实施目标管理的基础。

1. 目标的性质

目标具有层次性和多样性。目标由总目标、分目标和子目标形成一个全面的目标体系，各层次目标之间相互配合，方向一致。此外，所有组织的目标都是多重的，没有一种单一的衡量尺度能有效地评价一个组织是否成功地履行了它的使命。组织除了关注利润外，还追求扩大市场份额和满足职工福利等。现代组织是一个复杂的社会结构，它需要在众多的目标和需求之间求得平衡。靠单一的尺度是难以有效衡量和评价一个组织是否成功的。

2. 目标的特征

几乎每个组织都制定目标，但目标的好坏带来的结果却大相径庭。有效的目标应具有以下特征：

（1）目标不能太多。目标应该有重点和优先顺序，以防顾此失彼。

（2）目标应尽可能具体，易于衡量。一般组织目标的通病是太笼统，不利于管理人员理解，也不利于衡量实际绩效和工作进展情况。对目标的各项指标应尽可能量化。对于某些非定量的或比较难衡量的目标，应尽可能转化成可衡量的目标。

（3）目标应有时间限定。应该规定目标完成的时间跨度。不管短期、中期或长期目标，都应该明确规定目标完成的时间跨度。

（4）目标应强调成果，而非活动。活动是完成目标的手段。如通过加强职工的培训，可以提高劳动生产率。此时，培训本身只是一种手段而非目的，真正的目标是提高劳动生产率。

（5）目标应既有挑战性，又切实可行。目标必须具有一定的挑战性，要经过相当的努力才可能实现，组织成员也容易在达成目标的过程中产生一种成就感。如果目标定得过低，就不会产生这样的效果。另外，目标也不能脱离实际，定得过高。无论怎样努力，都不可能达成目标，这样很容易挫伤组织成员的积极性，达不到激励的效果，目标也失去了实际意义。

（6）目标应易于理解，易于为组织成员接受。组织成员都应能明确其个人目标和组织总体目标之间的关系，各级目标协调一致，共同服务于组织的长远利益和长远目标。目标不应过分复杂，应易于为组织成员理解和接受。当环境或其他条件发生变化，要对目标进行相应的调整以适应这些变化。

二、目标管理的含义

目标管理（management by objectives，MBO）是一种系统方法，在该系统中下级和上级共同确定具体的绩效目标，定期检查完成目标的进展情况，并根据目标的完成情况进行奖励。目标管理是由美国著名组织管理家彼得·德鲁克（Peter Drucker）于1954 在《管理的实践》一书中系统地提出："凡是工作状况和成果直接地、严重地影响组织的生存和发展的部门，目标管理都是必需的。"他还认为，期望一个经理所能取得的成就，必须来自组织目标的完成；他的成绩必须用他对组织做出的贡献有多大来衡量。目标管理把泰勒的科学管理与梅奥的人本思想结合在一起，是一种综合的以工作为中心和以人为中心的管理方法，组织全体成员的工作均以目标为导向。目标管理既是一种管理方法，也是一种激励方法。其出发点是使个人目标与组织目标一致，并以目标激发热情。它充分肯定人的潜力，深信人们只要给予适当的机会，是会乐于为目标而奋斗的。目标管理具有以下特点：强调自我参与、强调自我控制、注重成果第一、促使权力下放。

在组织中实施目标管理，应具备以下先决条件：符合组织的需求；倡导团体参与设置目标，无个人之间不健康的竞争；有充分的培训；相关部门参与评价这种方法的成果与可操作性。

三、目标管理的过程

从目标管理的过程来看，大致可以分为以下 4 个步骤。

1. 建立一套比较完整的目标体系

实行目标管理，首先要建立一套完整的目标体系。这项工作总是由上而下地逐级确定目标。对最高管理人员来说，制订目标的第一步是确定在未来某时期内组织的宗旨或使命及更重要的目标是什么。由上级设置的目标是初步的，是建立在分析和判断的基础上的。而当由下级拟定出整个可考核的目标系列时，应根据上级制订的最初目标，上级领导与下级一起进行暂定目标的商议和修改。上下级的目标之间通常是一种"目的－手段"的关系。在制定目标时，管理人员也要建立衡量目标完成的标准，并把衡量标准与目标结合起来。目标体系应与组织结构相吻合，从而使每个部门都有明确的目标。

2. 明确责任

实施目标管理最重要的就是要尽可能地做到每个目标和子目标都应使部门或个人明确责任，如果这一点难以做到，则至少应该明确规定每个管理人员为了完成自己的目标所要完成的具体任务。

3. 组织实施

斯蒂芬·罗宾斯的研究结果显示：当高层管理者对目标管理高度负责，并且亲自参与目标管理的实施过程时，生产率的平均改进幅度达到 56%。在组织实施目标管理时，要特别注意把握好两点：

（1）高层领导的管理要多体现在指导、协助，提出问题，提供信息情报及创造良好的工作环境方面；

（2）高层领导要更多地把权力交给下级成员，充分依靠执行者的自我控制来完成目标任务。

4. 考评和反馈

对各级目标的完成情况，采取定期检查、考核的办法是比较有效的手段。检查的方法可以多样化，例如，采用自检、互检、责成专门的部门进行检查、评比或竞赛等形式。到了完成目标所规定的期限后，由下级提出书面报告，上下级共同对目标的完成情况进行考核评价并决定奖惩。考评时应当依据目标对最终成果进行评价，并将评价结果及时反馈给相关人员。这种反馈可以使人们知道自己努力的水平是否足够，进而促使人们在完成了既定目标后进一步提高自己的目标，而且使人们了解自己行动方式的实际效果。如果下级对考评的结果有异议，应当允许其申诉，上级需要认真处理这类申诉。经过评价和反馈，使得目标管理进入下一轮循环过程。

四、对目标管理的分析

目标管理是当今影响较大的一种计划方法和管理制度。科学有效的目标管理可以提高组织的计划管理水平，保证组织目标的实现。但是目标管理在实施过程中也存在一些局限。因此，客观地分析目标管理的优缺点，有助于扬长避短，收到实效。

1. 目标管理的优点

（1）目标管理可以促进上下级的意见交流和相互沟通，培育员工的团队合作意识，减少相互间的不信任，进而改善组织内的人际关系。

（2）目标管理有助于改进组织结构的职责分工，消除部门的本位主义。目标管理要求组织内各部门必须紧密围绕组织总目标的完成来展开工作，应追求组织整体利益的最大化，而非追求部门利益的最大化。当部门目标和个人目标与组织总目标不一致甚至于冲突时，部门和个人必须无条件地服从组织总目标的要求，有时要牺牲部门和个人的利益，因此，加强了部门之间以及员工之间的合作，冲击了本位主义，提高了组织的凝聚力。

（3）目标管理使得员工的工作具有明确的方向和清晰的目标，避免其在工作中的随意性和盲目性。

（4）目标管理有利于调动员工的主动性、积极性和创造性。由于目标管理特别强调自我控制与调节，改变了按领导的安排来开展工作的被动局面，将组织利益与个人利益紧紧联系在一起。如果激励措施得当，完成目标对员工具有一定的诱惑力，可以起到提高员工士气和工作效率的作用。

（5）有助于考核员工的工作绩效。目标管理使得管理者有了客观依据去考核员工的工作绩效，即将员工预期达成的目标与实际的完成情况进行比较。这有利于消除管理者戴着有色眼镜看人等问题，也有利于化解员工的不满情绪，促使员工为达到更高的目标而努力工作。

2. 目标管理的局限性

（1）偏重操作而忽视原理，而且目标管理的人性假设并不一定都存在。例如，目标管理的人性假设之一就是 Y 理论。Y 理论的主要观点是：一般人本性不是厌恶工作，如果给予适当机会，人们喜欢工作，并渴望发挥其才能；多数人愿意对工作负责，寻求发挥能力的机会；能力的限制和惩罚不是使人去为组织目标而努力的唯一办法；激励在需要的各个层次上都起作用；想象力和创造力是人类广泛具有的。Y 理论存在一定的理想化因素，例如，它对于人类的行为动机做了过于乐观的假设，而现实中的人具有"机会主义倾向"，尤其在监管不力的情况下更容易产生机会主义行为。因此，在很多情况下，目标管理所要求的自知、自觉、自治的气氛难以形成。

（2）建立一个合理的目标体系比较困难，而且上下级商定目标的过程可能会增加组织的管理成本。从目标的制订过程来看，既需要领导的高瞻远瞩，也需要部门之间、员工之间的充分交流，因此花费在这一过程的时间可能会比较长。从工作的质量来看，无论哪个环节出现了问题，都可能会影响目标管理的效果。而且，本位主义也会影响目标的制订和实施。

（3）过多地强调短期目标。目标管理中的目标大多为一年左右时限的短期目标。组织之所以强调实现短期目标而忽视实现长期目标，是因为较之于长期目标，短期目标易于分解且见效迅速、成效明显。组织可能会在某些情况下以牺牲长期目标的实现为代价来换取短期目标的实现。

（4）缺乏灵活性。因为组织的总目标、部门目标与个人目标紧密联系在一起，任何一个环节发生变化都会影响组织整体目标的实现，所以，在充分调查、听取多方意见的基础上制定的目标在一段时间内需要保持相对的稳定。然而，事物是在不断变化发展的，目标体系缺乏灵活性，其自身无法根据情况的变化而变化，这就需要我们修正既定目标，而修正目标与制订目标的过程相差无几，难度和进度几乎一样，修正目标的结果可能迫使管理者中途停止目标管理。

（5）组织对员工的评价并不一定完全按照员工的目标完成情况而定，如果难以保证考评的公正性，那么就会削弱目标管理的实际效果。

第四章　组织职能

第一节　组织与组织管理

一、组织的含义

组织的概念在人类社会生活中无处不在。例如，政治生活中有党组织、团组织、妇女组织、工会组织等；军事领域有集团军、舰队、航空师、装甲旅等；经济领域有银行、公司、企业等；教育领域有大学、中学、小学等。小至村民小组，大至国家都是组织。管理学理论认为，组织是特定的社会群体为了共同的目标，按照特定原则，通过组织设计将相关资源有机组合，并以特定结构运行的社会体系。

在动词意义上组织是管理的一项基本职能，在名词意义上，组织是管理存在的前提和管理思想、政策、方法、措施赖以发挥作用的平台。管理与组织具有密切的直接相关性，甚至有人认为它们是同一个事物的不同侧面。一切管理都是在组织中进行的，作为管理的载体和基本方式，组织对于管理具有基础性和工具性的意义。而管理又是组织的必然要求和基本机能。所以，组织成为管理学研究的重要内容。

二、组织的分类

1. 正式组织

根据组织形成方式的不同，正式组织是为了有效实现组织目标，经过人为的筹划和设计，并且具有明确而具体的规范、规则和制度的组织。美国管理学家、贝尔公司前总裁切斯特·巴纳德认为，正式组织是一个有意识地对人的活动或力量进行协调的体系，不论其规模大小或级别高低，都必须具有以下3个基本的要素：

（1）协作的意愿。组织是由个人组成的，组织成员愿意提供满足协作条件的劳动和服务是组织程序所不可缺少的，而协作的意愿意味着个人的自我克制、交出对自己的控制权、个人行为的非个人化等。没有这种意愿，个人就不可能对组织有持续的努力，就不可能将不同组织成员的个人行为有机地结合在一起以协调组织活动。

但是，不同组织成员协作意愿的强度是不同的，同一个成员在不同时期的协作意愿也是不断改变的。个人协作意愿强度的高低，取决于自己提供协作而导致的"牺牲"与组织因为自己的协作而提供的"诱因"这两者之间的比较。由于诱因与牺牲的尺度通常是由个人主观所决定的，而不是客观的，比如有人重视金钱，而另一些人则可能更重视威望，因而组织为了获得和提高成员的协作意愿，一方面要提供必要的金钱、威望、权力等各种客观的刺激；另一方面要运用说服力来影响成员的主观态度，培养他们的协作精神，号召他们忠于组织、相信组织目标。

（2）共同的目标。共同目标也是达到意愿协作的必要前提。可以说，没有共同的目标，协作的意愿是难以发展起来的。没有共同的目标，组织成员就不知道要求他们提供何种努力，同时也不知道自己能从协作劳动的结果中得到何种回报，从而不会进行协作活动。组织成员对共同目标的接受程度会影响到对组织提供的服务，而且个人之所以愿意为组织目标作出贡献，并不是因为组织目标就是个人目标，而是因为意识到实现组织目标有助于实现他的个人目标。因此，管理人员的一项非常重要的职责，就是帮助组织成员加深这种认识，努力避免组织目标和个人目标的不一致或者理解上的背离。

（3）信息沟通。组织的共同目标和不同成员的协作意愿只有通过信息沟通才能相互联系，形成动态的过程。没有信息沟通，不同成员对组织的目标就不可能有共同的认识和普遍的接受；没有信息沟通，组织就无法了解其成员的协作意愿及其强度，也无法将不同成员的努力形成协作劳动。因此，组织的存在及其活动是以信息沟通为前提条件的。

正式组织有如下特点：专业分工性、明确的科层性、法定的权威性、统一的规范性、相对的稳定性、职位的可替代性和物质的交换性。

2. 非正式组织

非正式组织是指组织成员为了满足特定的心理或情感需要而在日常活动和相互交往过程中自然形成的群体。例如自发形成的球队、晨练舞蹈队、同乡会、武术会、车友会等。

非正式组织的特点是不规范，规模、形式、组织结构大小、模式不尽相同，关系不固定、不明确，形成具有自发性，但其组织氛围活跃、反应敏捷，有共同的文化理念、行为习惯，能产生较大的内部凝聚力，会对成员个人的价值观形成共同的影响。

非正式组织通常被包括在正式组织之中，如军队、高校、企业中的各种学术、文化、体育活动团体。正式组织活动过程中经常伴随非正式组织的产生，而且这种非正式组织的存在对于正式组织的管理具有重要意义。正如切斯特·巴纳德所说："正式的协作体系的重要而且往往是不可缺少的部分是非正式的关系。作为信息传递的不可缺少的手段而维持非正式管理组织，是经营者传递信息的职能之一。"非正式组织可以独立于正式组织而产生，还可以发展为正式组织。因此，正式组织与非正式组织的关系如图4-1所示。

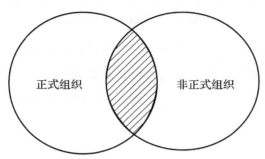

图4-1　正式组织与非正式组织的关系

第二节　组织结构的类型

组织模式即组织的结构形式是随着人类社会活动的深度、广度的发展变化而不断演变、丰富。社会实践活动的多样性和复杂性决定组织类型千差万别。在经典管理理论中各种各样的组织可以被抽象为直线制、职能制、事业部制、矩阵制、委员会制5种基本类型。

一、直线制组织结构

直线制组织结构是一种最简单、常见的组织结构形式。在这种结构中，组织职位按照垂直系统直线排列，各级主管对自己的下级拥有直接的一切职权，职权和命令从上而下直线纵向贯穿于组织之中，传统军队指挥系统的组织一般都是这种类型（图4-2）。

直线制组织结构的特点是结构简单、沟通迅速、职权集中、指挥统一、垂直领导、责任分明。但由于没有职能部门，行政领导与业务管理职能合二为一，最高主管事必躬亲，而且要求领导是多面手，能通晓各项管理业务。因此，它仅适用于规模较小尤其是技术装备和业务领域相对比较简单的组织。组织规模一旦扩大，管理业务变得复杂，组织领导者就会力不从心，甚至顾此失彼，穷于应付。

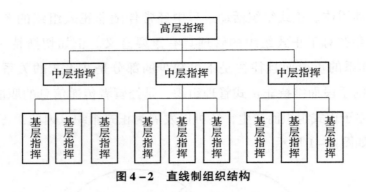

图 4 - 2 直线制组织结构

直线制管理组织也可以根据管理业务的复杂程度或难易度，划分为两类具体形式：纯粹直线制组织结构和部门直线制组织结构。前者是同一个层次的成员分别承担同一种性质和内容的工作。后者是同一个层次的成员之间有横向分工。

二、职能制组织结构

职能制组织结构是根据职能划分部门，并由此建立组织领导和指挥关系的组织结构。这种组织结构的基本要求是在组织内部设计若干个职能部门，各职能部门在自己的业务范围内拥有向基层下达工作任务和专业指令的权力，即下级负责人除了要服从直接上级领导的行政指挥外，还要接受多个职能部门的领导（图 4 - 3）。

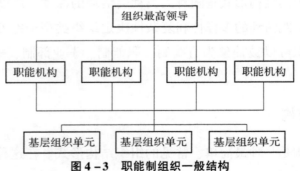

图 4 - 3 职能制组织一般结构

职能制管理组织又分为两类，即纯粹职能制管理组织和直线职能制管理组织两种模式。前者一般如传统的具有一定规模，但是经营结构比较单一的工商企业。后者已成为现代比较稳定的大型公共组织和经济组织的一般模式，如现代大学的组织管理（图 4 - 4）。

直线职能制组织结构是直线制组织结构与职能制组织结构结合而成的一种组织结构形式。它同时设有两套管理系统，即直线指挥系统和职能参谋管理系统（即"机关"）。参谋的职责有两方面：一是为同层次领导提供参谋、咨询、建议；二是为下级单位提供业务指导，但对下级单位没有直接的指挥权。如大学的校长可以直接给院系下达指令，也可以通过职能部门传达指令，同时职能部门甚至是参谋人员也可以不通过直线领导向下级职能机构或参谋人员下达工作任务、业务指令。

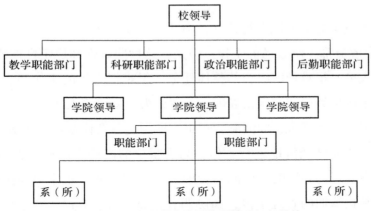

图 4 - 4　现代大学直线职能制管理组织结构

因此，这种结构既能保证指挥和命令的统一性，又能发挥专业人员和部门的职能。但也经常存在职能参谋部门相互争权、两个系统职权不清、职能部门职权"越位"和"缺位"并存的可能性，同时，基层业务人员也经常被困于落实上级机关的业务指令，使下级单位缺乏必要的自主性。

在职能制组织中，所有工作，不论是机关工作还是基层工作，也无论是体力工作还是脑力工作，一般都可以用 3 种方式来组织。

首先，可以按工作过程的各个阶段来组织，就像建造房屋时，应该先打地基，然后建屋架结构和屋顶，最后装修一样。

其次，将工作依次向需要的各种技能和工具的各个工段移动。例如，一家传统的制造单一产品的金属工厂，可以在厂房第一列安排钻床和车床，在第二列安排冲床，在第三列安排热处理设备。金属工件则从一组工具及熟练工人那里移向另一组。

最后，还可以把具有不同技能、使用不同工具的工人组成小组，使小组移向工作，而工作本身是静止的。例如，一个电影制片小组去拍外景，成员包括导演、演员、电工、音响师等专业人士，这些专业人士组合在一起，组成小组来工作。

人们常常认为，职能制管理组织能使工作紧密相连。事实上，它兼有按阶段和按技术来组织工作的双重性质。制造和市场推销等传统职能包含许多互不相关的技能，例如，市场推销中可能包含一些与制造相关的技能，如机械师的技能和生产计划员的技能；而制造中也可能涉及一些市场相关的技能，如销售员和市场研究员的技能等。在任何一种职能制管理组织中，工作是在各阶段或技术中移动的，而工人的位置则相对固定。职能制管理组织结构是将组织活动按照职能分解为不同的部门，员工同时接受若干职能部门的领导和指挥。这种结构分工明确，可发挥职能专业化优势，但是，它也存在多头指挥、责任不清以及过分强调本部门职能重要性而忽视组织整体要求的问题。

职能制管理组织的最大优点是具有明确性和高度稳定性。每个组织成员都有自己的"家"，每个成员都了解自己的工作。但是，这种明确性和稳定性的代价是每个人，包括高层职能人员，很难理解组织的整体任务，很难把自己的工作同它联系起来。因此，这种组织结构虽然稳定，但太僵硬，不适合为未来培养人才。

从经济性规范的角度说，职能制管理组织原则也各有优缺点。在最理想的情况下，职能制管理组织能高度经济地进行工作，只需很少的高层人员就可使组织运转起来。但是，在面临不理想的环境时，职能制管理组织常常容易产生摩擦和派系，它需要引入复杂、昂贵并且笨拙的管理手段，如协调者、委员会、会议、特派员等，这些手段不但浪费时间，而且通常对问题没什么帮助。更重要的是，这种倾向不仅在各个不同的职能部门间流行，各大职能部门及其内部的各个下属单位之间也会遇到同样的问题。

三、事业部制组织结构

事业部制组织结构是一种分权制组织形式。它一般是在组织的总部下增设一层半独立经营的"事业部"，事业部长直接负责具体的组织工作，并设有相应的职能部门。事业部制的组织管理一般是以产品、地域和服务对象等为基础，把组织划分为若干个事业部而组成的组织结构（图4-5）。事业部管理体制通常是大型工商或社会组织采用的典型组织形式。如大部分跨国公司都是采取事业部制的组织管理模式，建立地区事业部和海外事业部。

事业部是一个分权化子系统，它分割了一定的直线管理权限，所划分的事业部具有较大的权力。组织最高领导除保留人事管理、财务控制、组织监督等权力外，其他权力都下放到事业部，管理上有相对独立的计划、组织、指挥、控制的自主权。如现代制造业事业部拥有生产、研发、销售及市场营销的自主权，作为相对独立的利益责任单位，它具有产品创新、成本控制和市场拓展等职能。这样的事业部在总部的战略指导下运作，能够灵活应对市场变化，被视为企业内部的"独立公司"，在某些情况下甚至被称作"区域性自主经营单位"，与大型跨国公司的地区分部类似。

事业部在进行独立业务活动和独立核算时，可设有自己的参谋（职能）部门，因此，它是最高权力下设置的具有半独立性质的管理部门。

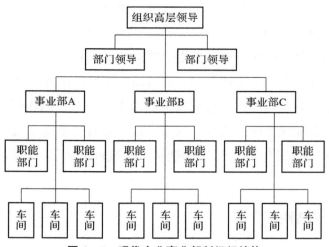

图4-5 现代企业事业部制组织结构

其优点：可使最高管理部门摆脱日常的行政事务，集中精力于组织的战略问题和决策，可使事业部具有很大的自主性和积极性，有利于组织的专业化运行。

其缺点：可能造成组织整体性下降，事业部本位主义增强，管理部门增加，机构设置重复等。

四、矩阵制组织结构

矩阵制管理组织又称为规划－目标结构型，它是在职能组织基础上发展起来的，是由两套以上职能组织部门联合构成的双重组织结构，其中一套是在组织职能基础上形成的部门，另一套是在组织特定业务项目基础上形成的部门，它们分别以纵横两个方向设置，构成了矩阵状态。纵向和横向两个方向上的部门都由组织的最高领导指挥，而组织作业人员受到两个方向上的部门的双重领导和指挥（图4-6）。它相当于在传统的直线指挥和职能管理组织系统基础上，再增加一种横向的管理系统。

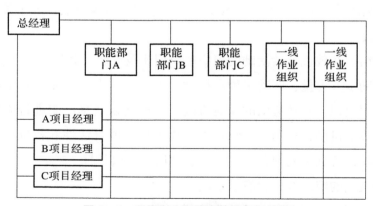

图4-6 现代企业矩阵制管理组织结构

矩阵制管理组织结构的最大优点是能打破传统的一个工作人员只接受一个部门领导的管理原则，使两个方向管理结合到一起，形成一种纵横结合的多接点组织结构：加强了各部门之间的分工协作，增强了组织的灵活性和协调性，而且使组织对专业人员的使用更富有弹性，有利于发挥专业人员的综合优势，提高组织整体工作效率。

矩阵制管理组织的缺点是由于组成成员的双重身份，可能在任务、部门界限、管理关系运行以及资源配置方面形成模糊状态，运行过程可能造成混乱，由于受两个部门双重领导和指挥，有时作业人员无所适从，出现问题时，不易追究个人和领导的责任。

五、委员会制组织结构

委员会制组织是在工业社会后期出现的一种组织结构模式，也是公共事务管理中常见的一种组织结构类型。它是因现代经济、社会活动的参与人数多、部门多，企业多、地区多，甚至有多个国家参与，涉及的学科专业、社会领域通常非常广泛，单一的直线领域和职能部门难以达到组织的目标，而建立的一种比较特殊的组织模式。如在政治生活中，有西方国家的议会，我国的全国人民代表大会常务委员会；在国防安全与战略领域中，有美军的参谋长联席会议、总统科技顾问委员会，我国的中央军事委员会、中央国家安全委员会等。

委员会制的组织结构根据其性质、职能、任务的大小、重要程度的不同，还可以有不同的类型，如直线指挥型、职能部门型、参谋型和分委员会型，有常设机构，也有临时机构。例如，中国人民政治协商会议全国委员会是常设机构，但其每届都会下设专门委员会，而每届专门委员会的设置一般在当届中国人民政治协商会议第一次常务委员会会议上确定。例如，中国人民政治协商会议第十四届全国委员会设置以下十个专门委员会：提案委员会、经济委员会、农业和农村委员会、人口资源环境委员会、教科卫体委员会、社会和法制委员会、民族和宗教委员会、港澳台侨委员会、外事委员会、文化文史和学习委员会。

委员会制组织在现代社会活动的组织中应用比较广泛，其优势在于：能集思广益，资源共享，借助多方力量，调动多种积极性，形成公共合力；能反映不同利益团体的诉求，促进不同组织、利益集团的沟通协调，实现利益共享；能进行方案比较，建立民主、公开的决策机制，有利于组织权力、决策形成的合法性和权威性；能进行权力制衡、权利共享，有利于实现公正、公平、和谐的社会目标。

委员会制组织的组织结构也有其缺陷：

（1）参与人员的角色模糊，个人职责模糊不清；

（2）折中调和，时间拖宕，经常议而不决，致使决策成本高、效率低，还有可能出现相互扯皮、推诿，甚至出现派系、权力争斗，为少数人所支配的现象；

（3）委员会组织的人选难以确定。

因此，要想保证委员会制组织制度有效实施，必须通过公正、公开、公平的渠道精心挑选组织成员，建立规范、明确的权、责、利制度，加强外部监督，并不断改进、完善委员会的运行机制。

第三节　组织变革

一、组织变革的类型

依据不同的划分标准，组织变革可以有不同的类型。如按照变革的程度与速度不同，可以分为渐进式变革和根本式变革；按照工作对象的不同，可以分为以组织结构为对象的变革、以人员为对象的变革和以技术为对象的变革。按照变革所产生的可预见性，可以分为主动性变革和被动性变革。

1. 渐进式变革和根本式变革

渐进式变革是基于组织现有观念和行为方式对组织状态进行的改变。通过经常和系统地在技术、人员和结构等方面朝着既定方向的改变，使组织的经营最终能达到新的、更高的水平。由于在渐进式变革过程中，每一次的改变幅度都不是很大，因此遇到的抵制较小，变革的实施也较为容易。但是，在大多数情况下，环境的变化会和组织领导人的预计不一致，会使设计好的渐进性变革滞后于环境，而被迫进行根本式的变革或无计划变革。

根本式变革是指在短时期内对组织系统进行彻底改变。由于变革的幅度大、影响广，根本式变革往往遇到强烈抵制，有时甚至会对组织某些部分造成极大伤害。因此，没有哪个组织能在短期内承受频繁的根本变革。在 20 世纪 90 年代的上半期，由于经营观念的改变，竞争的白热化和环境的不断变化迫使美国组织进行变革。美国柯达公司设计的以"加强主体业务，改善管理制度"为中心的变革就是渐进性变革。从 1993 年开始公司逐步采取了出售公司的医疗保健业务，使公司重新集中到摄影主体业务；集中公司的一些基本资源，在较短的时间内开发出新产品；积极降低成本，扩大在经济迅速发展的亚洲地区的市场；把公司分散的数字项目集中到一个部门，从而打入数字成像市场等一系列的渐进式变革。经过两年的努力，公司实现了前所未有的彻底改组。而 IBM 公司的变革就是一次根本式变革。该公司同时采取了大量裁员、收购莲花公司等举措，使公司在连续 3 年严重亏损后，于 1995 年开始盈利。

2. 组织结构变革、人员变革和技术变革

组织结构变革、人员变革和技术变革是互相牵制的，某一种变革常常会诱发另一种变革。由于这 3 种变革都需要经过精心的设计和准备，因而都属于有计划变革。

1）组织结构变革

组织结构变革包括对组织设计、权力分散层次、组织沟通渠道等方面进行的变革。

2）人员变革

人员变革是指在组织成员行为、态度、技巧、期望等方面的改变。人员变革一般可以通过对人员进行再培训、改变组织中的人员构成和组织发展等几种途径实现。

3）技术变革

技术变革是与生产工艺有关的变革，其结果是生产效率的提高。这里提到的技术包括组织为生产产品和服务所必需的所有工具、设备、工艺、物料和有关知识。技术变革就是对这些要素中的一个或几个的改变。例如某组织由以人为主进行生产转变为以机器人为主进行生产，这就是技术变革，这类变革不但要求改变生产设备，而且要对人员进行培训，对人员构成进行调整。

3. 主动性变革和被动性变革

主动性变革又称有计划的变革，是人们预见到环境变化的可能性而主动对组织进行的系统变革。有计划变革一般集中在工艺、人员及技术等方面，其对象可以是个人、工作小组、部门，或整个组织。被动性变革又称反应式变革，它是由突发事件激发的变革。

二、组织变革的动因与阻力

1. 组织变革的动因

引起组织变革的环境因素很多，有技术的变化，市场的变化，产品以及竞争条件的变化等，所有这些因素都对组织形成挑战，只有不断进行变革，才能使组织具有适应变化的环境的能力。环境因素可以归纳为外部环境和内部环境两类。

1）外部环境因素

外部环境是指单个组织无法控制的环境。外部环境的变化将同时作用于在相同环境下运作的所有组织。从对组织系统的影响看，引起组织变革的外部环境主要有以下几个方面：

（1）整个宏观社会经济环境的变化。诸如政治、经济政策的调整，经济体制的改变以及市场需求的变化等，都会引起组织内部深层次的调整和变革。

（2）科技进步的影响。知识经济的社会，科技的发展日新月异，新产品、新工艺、新技术、新方法层出不穷，对组织的固有运行机制构成了强有力的挑战。例如近年来，信息业的迅速发展，不但改变了组织工作流程，而且改变了组织之间的相互关系和人们的工作、行为方式，由此引起的全球产业结构和布局的大调整，已经使很多国家的企业组织提出并实施了企业再造工程。

（3）资源变化的影响。组织发展所依赖的环境资源对组织具有重要的支持作用，如原材料、资金、能源、人力资源、专利使用权。组织必须能克服对环境资源的过度依赖，同时要及时根据资源的变化顺势变革组织。

（4）竞争观念的改变。基于全球化的市场竞争将会越来越激烈，竞争的方式也将会多种多样。组织若要想适应未来竞争的要求，就必须在竞争观念上顺势调整，争得主动，才能在竞争中立于不败之地。

2）内部环境因素

外部环境的变化必然影响组织内人员价值观的变化，即组织成员的工作态度、发展期望、组织结构、权力系统及目标等也处于变化之中。组织内部环境的变化，实质上是组织内人员心理的变化。这些变化表现为组织成员希望从事使个人能更快成长的挑战性工作；他们希望组织采取公平相待的管理形式；组织成员对组织的承诺，逐渐以工作本身所能产生的内在利益、人格尊严和对组织的责任感为内在动力；成员要求从组织的职位中获得满足；他们要求组织关心自己的生活、情绪，尊重他们的感情和自尊心，要求能进行人与人之间的坦诚沟通等。这些变化都对现有的组织设计造成冲击，促其发生变革。此外，组织的结构与文化、人员素质、技术水平等也属于内部环境。

2. 组织变革的阻力

组织变革是一种对现有状况进行改变的努力，任何变革都常常会遇到来自各种变革对象的阻力和反抗。产生这种阻力的原因可能是传统的价值观念和组织惯性，也有一部分来自对变革不确定后果的担忧，这集中表现为来自个人的阻力和来自团体的阻力两种。

个人的阻力包括：

（1）利益上的影响。从结果上看，变革可能会威胁到某些人的利益，如机构的撤并、管理层级的扁平化等都会给组织成员造成压力和紧张感。过去熟悉的职业环境已经形成，而变革要求人们调整不合理的或落后的知识结构，更新过去的管理观念、工作方式等，这些新要求都可能会使员工面临失去权力的威胁。

（2）心理上的影响。变革意味着原有的平衡系统被打破，要求成员调整已经习惯了的工作方式，而且变革意味着要承担一定的风险。对未来不确定性的担忧、对失败风险的惧怕、对绩效差距拉大的恐慌以及对公平竞争环境的担忧，都可能造成人们心理上的倾斜，进而产生心理上的变革阻力。另外，平均主义思想、厌恶风险的保守心理、因循守旧的习惯心理等也都会阻碍变革。

团体对变革的阻力包括：

（1）组织结构变动的影响。组织结构变革可能会打破过去固有的管理层级和职能机构，并采取新的措施重新调整和安排责权，这就必然要触及某些团体的利益和权力。如果变革与这些团体的目标不一致，团体就会采取抵制和不合作的态度，以期维持原状。

（2）人际关系调整的影响。组织变革意味着组织固有的关系结构的改变，组织成员之间的关系也随之需要调整。非正式团体的存在使得这种新旧关系的调整需要有一个较长过程。在这种新的关系结构未被确立之前组织成员之间很难磨合一致，一旦发生利益冲突就会对变革的目标和结果产生怀疑和动摇，特别是一部分能力有限的员工将在变革中处于相对不利的地位。随着利益差距的拉大，这些人必然会对组织的变革产生抵触情绪。

三、组织变革的过程

组织变革是自身有目的的、有计划的组织创新过程。无目的的非创新"变革"对组织来说，很可能使组织瓦解。组织变革过程怎样有计划地进行，管理学家库尔特·勒温（Kurt Lewin）把组织变革过程归纳为解冻（unfreezing）、变革（changing）和再冻结（refreezing）的连续过程。

1. 解冻阶段

解冻阶段是改革前的心理准备阶段。一般来讲，成功的变革必须对组织的现状进行解冻，然后通过变革使组织进入一个新阶段，同时对新的变革予以再冻结。组织在解冻期间的中心任务是改变员工原有的观念和态度，组织必须通过积极的引导，激励员工更新观念、接受改革并参与其中。

2. 变革阶段

变革阶段是变革过程中的行为转换阶段。进入到这个阶段，组织上下已对变革做好了充分的准备，变革措施就此开始。这个阶段往往由变革领导小组来推动。变革小组最好由组织内部成员及外面聘请的咨询人员共同组成，由他们向职工解释变革的理由、日程安排、对组织和个人可能产生的影响等，鼓励职工参与变革计划的拟订和执行，就变革问题向职工提供咨询，随时出面解决变革过程中出现的新问题，关键是要能运用一些策略和技巧减少对变革的抵制，进一步调动员工参与变革的积极性，使变革成为全体员工的共同事业。

3. 再冻结阶段

再冻结阶段是变革后的行为强化阶段，其目的是要能通过对变革驱动力和约束力的平衡，使新的组织状态保持相对的稳定。由于人们的传统习惯、价值观念、行为模式、心理特征等都是在长期的社会生活中逐渐形成的，并非一次变革所能彻底改变的，因此，改革措施顺利实施后，还应采取种种手段对员工的心理状态、行为规范和行为方式等进行不断的巩固和强化。否则，稍遇挫折，便会反复，使改革的成果无法得到巩固。

第五章 领导职能

第一节 领导概述

一、领导的含义

领导一词既可作为名词又可以作为动词。作为名词，它指代担任特定职务的个人或群体，是一种身份的象征；作为动词，它更多地指代一个过程，即领导者运用个人条件（如权力、人格魅力、知识等），去完成某一项具体目标的过程。

简言之，领导是领导者为实现预定目标，运用其法定权力和自身影响力，采用特定形式和方法，率领、引导、组织、指挥、协调、控制被领导者，以完成既定总任务的过程。这个定义蕴含了三层深刻含义：

（1）领导涉及领导者和被领导者两个主体。这种双向关系构成了领导活动的基本框架，缺一不可。

（2）领导者具备影响被领导者的能力和力量。这种能力和力量不仅包括组织正式赋予领导者的权力，还包括领导者个人所具有的品德、才能、知识等非权力因素。这些因素共同构成了领导者影响他人的综合实力。

（3）领导行为具有明确的目的性。领导的根本目标是通过调动和引导被领导者的行动来实现组织的既定目标。这一点强调了领导活动的方向性和结果导向。

通过这三层含义，我们可以更全面地理解领导的本质，认识到领导不仅是一种身份，更是一种复杂的社会互动过程，其核心在于通过影响他人来实现组织目标。

二、领导的权力

领导的权力和影响力主要来自两个方面：一个是职位权力；另一个是个人权力。职位权力是由领导者在组织中的位置决定的，是上级或组织赋予的权力，这种权力随职务的变动而变动，有职就有权，无职就无权。人们对这种权力的服从主要出于组织压力。

个人权力不由领导者的职位决定，而是由其自身条件决定，这些条件包括领导者的素质、能力、品德和行为表现。例如，一个善于体贴关心人的领导；一个有良好工作能力和人际关系的领导；一个善于创造有利于工作环境的领导；一个能满足群众需求的领导，都具有很大的个人权力。这种权力不会随着职位的消失而消失，它对人的影响是发自内心的，是长远的，这种权力是伴人终身的，并且可以通过自身努力不断增强。

如果再细分，领导权力可以分为五种，如图 5-1 所示。

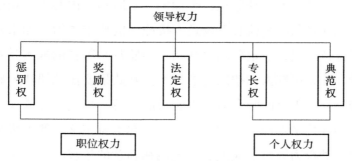

图 5-1 领导权力划分

1. 惩罚权

惩罚权指领导者对其下属具有的强制其服从的权力。与奖励权相反，惩罚权是指通过负面处罚或剥夺积极事项来影响他人的权力。换句话说，它是利用人们对惩罚或失去其重视的成果的恐惧来控制他人的。领导者拥有这项权力是必要的，但绝不能滥用，否则便会成为专制的独裁者。

2. 奖励权

奖励权是指通过给予一定的奖励来促使下属做出组织所希望的行动。在下属完成一定的任务时，领导者承诺给予相应的奖励，可提高下属的积极性，具体来说，包括给予加薪、额外津贴、晋升、进修等权力。

3. 法定权

法定权是指组织内各领导所固有的合法的权力。法定权取决于个人在组织中的职位。它可以被看作是一个人的正式或官方明确规定的权威地位。在一般组织中，下级必须服从上级的指挥。

4. 专长权

专长权是指由于领导者具有某种专门的知识和特殊的技能或学识渊博而获得同事及下属的尊重和佩服，从而在工作中显示的在其专长方面一言九鼎的权力。比如，一位外科医生在医院可以施加相当大的影响力，是因为虽然他没有高于他人的正式职权，但其他人都依赖他的知识、技能和判断力。

5. 典范权

典范权是指领导者具有良好的品德修养、知识水平、生活态度、情感魅力等，因而受到下属的称赞和敬佩，使下属乐于听从和追随的权力。典范权的实质是依靠领导者个人的魅力来影响下属，是建立在下属内心的认可基础之上的。

惩罚权、奖励权、法定权属于职位权力，专长权、典范权属于个人权力。这几种不同的权力对下级所产生的影响和效果以及个人的满意度是不同的。惩罚权虽然可以是下级基于恐惧而服从，但这种服从是表面的、暂时的，内心不一定受到影响。为了维持这种服从，领导必须时常监督下级是否按照他的要求去做，如果发现下级不遵守职业规范，为了维持恐惧，一定要加以惩罚，而监督与惩罚的成本是很高昂的。奖励权是采用奖励的办法来引起人们按照要求行为，其效果要比惩罚让人感到恐怖而服从好。它可以增加领导对下级的吸引力，也能引起满意并提高工作效率，但这种激励作用要视奖励的大小和公平性而定。奖励权容易引起本位主义，使下级缺乏整体和长远观念，过分使用这种权力容易形成人们对金钱和利益的依赖心理。法定权是下级基于习惯、社会意识和某种责任感所引起的服从，但这种服从不能产生较高的工作水平和个人满意度。下级接受这种权力是因为只有这样才会得到领导者的赞扬、大家的接纳和认可，满足安全感和亲和力的要求。

第二节　领导理论

一、领导特质理论

领导特质理论的研究重点在于探讨领导者的个人特性。该理论的基本假设是，领导者具有一般人所不具备的特质，只要能够识别出这些特质，并在特定组织中的个人身上验证其存在，就能判断该人是否有潜力成为优秀的领导者。早期研究者认为，领导者拥有一些独特的特质，而拥有这些特质的人自然而然地会成为领导者。

根据对领导特性来源的不同解释，领导特质理论可分为传统领导特质理论和现代领导特质理论。传统特质理论认为，领导者所具有的特质是天生的，由遗传决定。按照这种观点，一个人之所以成为领导者，是因为他具有不可比拟的天赋和个人品质，如思维敏捷、能言善辩、身体健康等，领导者与一般人之间、有效领导无效领导之间，存在着本质上的差异。尽管传统领导特质理论在现实中找到了一些支持证据，但如今很少有人完全赞同这种观点。相比之下，现代领导特质理论认为领导者的特质和品质是在实践中形成的，可以通过教育和培养获得。

领导特质理论系统地分析了领导者应具备的条件，为领导者提出了要求和期望，这对培养、选择和考核领导者具有一定的指导意义。然而，这种理论也存在明显的缺陷：首先，并非所有成功的领导人都具备理论中列举的全部品质；其次，许多普通人也可能具备其中的大部分或全部品质；最后，理论未能明确说明一个人应该在多大程度上具备这些品质才能成为有效的领导者。

尽管如此，关于领导者素质的研究仍在持续进行，并且取得了显著的进展。但是，由于领导类型的多样性和领导情境的复杂性，要制订一个普遍适用且有效的领导者素质清单仍然面临着巨大的挑战。这个困难反映了领导学研究的复杂性，也为未来的研究指明了方向。

二、领导行为理论

领导特质理论关注领导者的个性特点对领导有效性的影响，而领导行为理论则将重点放在研究领导者的行为风格对领导有效性的影响上。在领导行为理论中，较为典型的包括库尔特·勒温的 3 种领导作风理论、四分图理论和管理方格图理论。

1. 库尔特·勒温的 3 种领导作风理论

1939 年，美国爱荷华大学的著名心理学家库尔特·勒温及其同事率先开展了关于领导作风的研究。通过试验，他们探讨了不同工作作风对下属群体行为的影响，并提出了 3 种极端的领导作风：专制型领导、民主型领导和放任型领导。

1）三种领导作风的特点

专制型领导特征鲜明：领导者独断专行，决策独揽，极少考虑他人意见；信息封锁，下级无从参与决策；主要依靠行政命令、纪律约束和惩罚进行管理；事先严格安排工作程序和方法；与下级保持明显的心理距离，很少参与群体活动。

相比之下，民主型领导展现出截然不同的特点：鼓励集体讨论，决策是群体智慧的结晶；工作分配考虑个人能力和兴趣；给予下属较大的自由度和灵活性；主要依靠个人威信而非职位权力；积极参与团体活动，与下级无心理距离。

放任型领导则体现为极度的放手不管：工作既无事先布置，也无事后检查；赋予个人极大自由；组织缺乏规章制度，完全依赖个人自觉性。

2）三种领导作风的比较

勒温的试验结果揭示了这 3 种领导作风对团队的不同影响。专制型领导的团队虽然能达成工作目标，但成员普遍缺乏责任感，情绪消极，士气低落，人际关系紧张。民主型领导的团队不仅工作效率最高，而且成员关系融洽，工作积极主动，富有创造性。放任型领导的团队工作效率最低，虽能达到社交目标，但难以完成组织的工作目标。

这项研究对理解领导行为与团队效能之间的关系具有重要意义。它不仅揭示了不同领导作风对团队氛围和工作效率的影响，也为后续的领导理论研究奠定了基础。然而，值得注意的是，现实中的领导行为往往是这 3 种类型的混合体，而非绝对的某一种。领导者需要根据具体情境和团队特点，灵活调整自己的领导作风，以实现最佳的领导效果。

2. 四分图理论

1945 年，美国俄亥俄州立大学的一批学者，对企业领导行为进行了反复、全面的研究。他们把鉴别领导行为的项目从开始的一千多个行为特征，经过不断提炼和概括，最后归纳为"关心人"和"抓工作组织"两类行为。

"关心人"包括建立相互信任的气氛、尊重下属意见、注重下属的感情和需要。它是一个满足下属的物质需要与精神需要的过程。"抓工作组织"包括组织设计、明确职责关系、确定工作目标等，它是一个完成任务的过程。

经过反复研究和对比分析，他们发现，以上两类行为在不同的领导者身上高低强弱并不一致。不同的领导行为，实际就是上述两类行为的具体组合。为了评价领导行为的类型和水平，俄亥俄州立大学的研究者们创造了领导行为四分图理论，他们以"抓工作组织"为横坐标，以"关心人"为纵坐标，组成了领导行为四分图，如图 5-2所示。

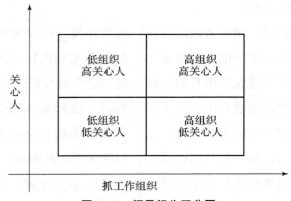

图 5-2 领导行为四分图

3. 管理方格图理论

管理方格图理论，又称管理坐标理论，由美国著名行为科学家罗伯特·布莱克（Robert Blake）和简·莫顿（Jane Mouton）于 1964 年在其著作《管理方格》中提出。这个理论是对四分图理论的进一步发展和细化。他们将"抓工作组织"改称为"关心生产"，保留了"关心人"的维度，并将两个维度的关心度各分为9等分，形成图5-3所示的81格矩阵，从而更精细地区分了领导者的行为类型。

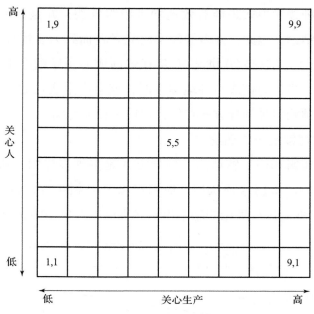

图5-3 管理方格图

他们在管理方格中把领导风格分成5种基本类型。

（1,1）型为贫乏的管理，管理者对生产和人员均缺乏关注，仅以最低限度的努力维持组织运转，这是一种不称职的管理。

（1,9）型为俱乐部式的管理，管理者高度重视人际关系，致力于创造舒适友好的组织氛围，但对工作效率关注不足。这是一种轻松但可能影响生产力的领导方式。

（9,1）型为任务式的管理，管理者全身心投入任务完成，但忽视了下属的成长和士气。这种方式追求高效率，但可能损害长期的团队凝聚力。

（9,9）型为团队式管理，被普遍认为是最理想的管理方式。管理者既重视人的因素，又关注生产目标，努力协调各项活动，提高士气的同时促进生产。

（5,5）型为中间式管理，管理者在关注人和生产之间寻求平衡，保持正常的工作效率和适度的团队士气。这种方式虽然稳定，但可能缺乏突出表现。

关于最佳领导风格的讨论，多数观点认为（9,9）型最为理想，其次是（9,1）型和（5,5）型。然而，值得注意的是，最佳领导风格可能因具体情境而异。管理方格图理论的重要贡献在于它为评估和改进管理行为提供了一个实用的工具。通过这个模型，管理者可以更清晰地认识自己的领导行为，并找到改进的方向。它不仅有助于管理者进行自我评估，也为组织培养有效管理者提供了理论指导。

三、领导权变理论

由前所述，何种领导模式最能有效地增进组织效能，并且最能满足成员的需要，还没有得到一致的结论。因此，许多管理学研究者转而致力于情境或权变研究，它兴起于20世纪60年代，尤其是20世纪70年代逐渐成为领导理论化运动的潮流。这个理论的核心观点是，当领导模式与环境契合时，就会产生成功的领导。简而言之，其研究的焦点是试图预测何种领导方式在何种情境中较为有利。

1. 领导方式的连续统一体理论

美国学者坦南鲍姆和施米特认为，领导方式是多种多样的，从专权型到放任型，存在着多种过渡类型。根据这种认识，他们提出了"领导方式的连续统一体理论"。图5-4概括描述了他们这种理论的基本内容和观点以及典型的领导方式。

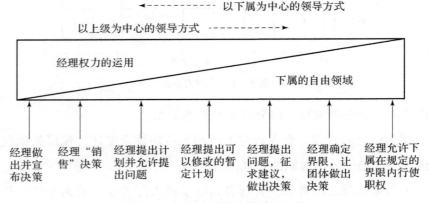

图5-4 领导方式的连续统一理论

1）经理做出并宣布决策

在这种方式中，上级确认一个问题，考虑各种可供选择的解决方法，从中选择一个，然后向下属宣布，以便执行。他可能考虑，也可能不考虑下属对他的决策的想法，但不管怎样，他不给下属参与决策的机会，下级只能服从他的决定。

2）经理"销售"决策

在这种方式中，如同前一种方式一样，经理承担确认问题和做出决定的责任，但他不是简单地宣布这个决策，而是说服下属接受他的决策。这样做是表明他意识到下属中可能有某些反对意见，通过阐明这种决策给下属带来的利益以争取他们的支持。

3）经理提出计划并允许提出问题

在这种方式中，经理作出了决策，并期望下属接受这个决策，但他向下属提供一个有关他的想法和意图的详细说明，并允许提出问题，这样，他的下属可以更好地了解他的意图和计划。这个过程使经理和他的下属能深入探讨这个决策的意义和影响。

4）经理提出可以修改的暂定计划

在这种方式中，允许下属对决策发挥某些影响作用。确认问题和决策的主动权仍控制在经理手中。他先对问题进行考虑，并提出一个计划，但只是暂定的计划，然后把这个计划交给有关人员征求意见。

5）经理提出问题，征求建议，作出决策

在这种方式中，虽然确认问题和决策仍由经理来进行，但下属有建议权。下属可以在经理提出问题后，提出各种解决问题的方案，经理从他自己和下属提出的方案中选择出较为满意的。这样做的目的是充分利用下属的知识和经验。

6）经理确定界限，让团体作出决策

在这种方式中，经理把决策权交给团体。这样做之前，他解释需要解决的问题，并给要做的决策规定界限。

7）经理允许下属在规定的界限内行使职权

在这种方式中，团体有极度的自由，唯一的界限是上级所作的规定。如果上级参加了决策过程，也往往以普通成员的身份出现，并执行团体所作的任何决定。

坦南鲍姆和施米特认为，上述方式孰优孰劣没有绝对的标准，成功的经理不一定是专权的人，也不一定是放任的人，而是在具体情况下采取恰当行动的人。当需要果断指挥时，他善于指挥；当需要职工参与决策时，他能提供这种可能。

2. 菲德勒模型

最早对权变理论做出理论性评价的人是心理学家 F. 菲德勒（F. Fiedler）。他于 1962 年提出了"有效领导的权变模型（contingency model of leadership effectiveness）"，即菲德勒模型。这个模型把领导人的特质研究与领导行为的研究有机地结合起来，并将其与情境分类联系起来研究领导的效果。他认为，各种领导方式都可能在一定的环境内有效，这种环境是各种外部与内部因素的综合作用体。他认为决定领导有效性的环境因素主要有 3 个，它们分别是职位权力、任务结构和上下级关系。

（1）职位权力。这是指领导者所处的职位具有的权威和权力的大小。权力越大，群体成员遵从指导的程度越高，领导的环境也就越好；反之，则越差。

（2）任务结构。这是指任务的明确程度和部下对任务的负责程度。当群体成员对所担任任务的性质越清晰、明确且例行化，以及下属的责任心越强，则领导者对工作质量越易控制，领导环境越好。反之，当群体成员对自己所担任任务的性质模糊不清或其任务多有变化时，领导环境则越差。

（3）上下级关系。这是指下属乐于追随领导者的程度。菲德勒认为，从领导者的角度看这是最重要的。如果下属对上级越尊重，并且乐于追随，则上下级关系越好，领导环境也就越好；反之，则越差。

菲德勒模型不仅对领导方式做了分类，而且还对领导效能做了界定，并在此基础上深入地探讨了如何使各种领导方式充分发挥其功能的问题。F. 菲德勒认为，一个领导者，无论他采取何种领导方式，其最终目的都是为了获取最大的领导效能，要想取得理想的领导效能，必须使一定的领导方式和与之相适应的领导情势相配合。因此，菲德勒模型的最大优点在于它吸收了过去有关领导行为的研究成果，分清了不同领导方式能够发挥领导效能的情境。

3. 领导生命周期理论（情境领导理论）

另一种应该引起重视的领导权变理论由美国行为学家 P. 赫西（P. Hersey）和管理学者 K. 布兰查德（K. Blanchard）共同提出。该理论将研究重点放在下属的成熟度上，他们认为领导者的领导方式必须随着下属的成熟度而加以改变。"成熟度"是指人们对自己的行为承担责任的能力和愿望的大小。它取决于两个要素：工作成熟度和心理成熟度。工作成熟度包括一个人的知识和技能，工作成熟度高的人拥有足够的知识、能力和经验完成他们的工作任务而不需要他人的过多指导。心理成熟度指的是一个人做某事的意愿和动机。心理成熟度高的个体不需要太多的外部激励，他们靠内部动机激励。虽然这种理论还有待做更深一步的研究，但它强调领导方式的有效性取决于下属的行为，为其他领导理论提供了很好的补充。

该理论在管理方格理论的基础上，根据员工的成熟度不同，将领导方式分为命令式、说服式、参与式和授权式 4 种。

（1）命令式。其表现为高工作低关系型领导方式，领导者对下属进行分工并具体指点下属应当干什么、如何干、何时干，它强调直接指挥。因为在这个阶段，下属缺乏接受和承担任务的能力和愿望，既不能胜任又缺乏自觉性。

（2）说服式。其表现为高工作高关系型领导方式。领导者既给下属以一定的指导，又注意保护和鼓励下属的积极性。因为在这个阶段，下属愿意承担任务，但缺乏足够的能力，有积极性但没有完成任务所需的技能。

（3）参与式。其表现为低工作高关系型领导方式。领导者与下属共同参与决策，领导者着重给下属以支持及其内部的协调沟通。在这个阶段，下属具有完成领导者所交给任务的能力，但没有足够的积极性。

（4）授权式。其表现为低工作低关系型领导方式。领导者几乎不加指点，由下属自己独立地开展工作、完成任务。在这个阶段，下属能够而且愿意去做领导者要他们做的事。

根据下属成熟度和组织所面临的环境，情境领导理论认为随着下属从不成熟走向成熟，领导者不仅要减少对活动的控制，而且也要减少对下属的帮助。当下属成熟度不高时，领导者要给予明确的指导和严格的控制；当下属成熟度较高时，领导者只要给出明确的目标和工作要求，其余工作就可由下属自我控制和完成。

4. 路径–目标理论

路径–目标理论也是领导权变理论的一种，由多伦多大学的组织行为学教授罗伯特·J. 豪斯（Robert J. House）最先提出，后来华盛顿大学的管理学教授特伦斯·R. 米切尔（Terence R. Mitchell）也参与了这个理论的完善和补充。这是目前最受人们关注的一种领导权变理论，因为该理论并没有指出最佳领导方法，只是建议领导人选择最适合具体情况的领导风格。

路径–目标理论是以期望概率模式和对工作、对人的关心程度模式为依据，认为领导者的工作效率是以能激励下属达到组织目标并在工作中得到满足的能力来衡量的。领导者的基本职能在于制订合理的、员工所期待的报酬，同时为下属实现目标扫清道路、创造条件。根据该理论，领导方式可以分为以下 4 种。

（1）指示型领导方式。领导者应该对下属提出要求、指明方向，给下属提供他们应该得到的指导和帮助，使下属能够按照工作程序去完成自己的任务，实现自己的目标。

（2）支持型领导方式。领导者对下属友好，平易近人，平等待人，关系融洽，关心下属的生活福利。

（3）参与型领导方式。领导者经常与下属沟通信息、商量工作，虚心听取下属的意见，让下属参与决策、参与管理。

（4）成就指向型领导方式。领导者做的一项重要工作就是树立具有挑战性的组织目标，激励下属想方设法去实现目标、迎接挑战。

路径–目标理论说明，领导者可以而且应该根据不同的环境特点来调整领导方式和作风，当领导者面临一个新的工作环境时，他可以采用指示型领导方式指导下属建立明确的任务结构和明确每个人的工作任务。之后可以采用支持型领导方式，这样有利于与下属形成一种协调和谐的工作气氛。当领导者对组织的情况进一步熟悉后，可以采用参与型领导方式积极主动地与下属沟通信息、商量工作，让下属参与决策和管理。在此基础上，就可以采用成就指向型领导方式，领导者与下属一起制订具有挑战性的组织目标，然后为实现组织目标而努力工作，并且运用各种有效的方法激励下属实现目标。研究结果表明，路径－目标理论对于上层职位和专业性工作特别有用，因为这些岗位上领导者的行为能对工作环境的设计工作施加相当大的影响。但其用于日常生产工作则不明显，因为领导者无法为这些日常工作更令人满意而做更多的事情。

第三节　领导艺术

领导艺术是指领导者在其知识、经验、能力、品德、气质等因素的基础上形成的具有创造性的领导才能和方法。领导艺术是一门博大精深的学问，一般包括做事的艺术、待人的艺术和讲话的艺术。

一、做事的艺术

1. 善于规划

领导者应善于做规划，每件事都尽量做到心中有数。虽然计划赶不上变化快，未来的事情也不一定完全按照规划的进行，但至少是朝着所期待的目标前行。作为领导者依旧要每天做好规划，才能减小不确定因素带来的风险，也才能使管理变得井然有序。

2. 厘清事情的性质

领导者的作用是规划目标方向，在重要事情上做决策，所以对常规事情领导者不必事事躬亲，应实行小事情程序化，大事情例外的原则。对于小事可授权给下属，下属只需按照规定操作即可。如果领导者无法从小事中脱离出来便会变得忙碌和疲惫，且下属也得不到锻炼。此外做事还应注意轻重缓急，急的事情优先做，重要的事情重点做。

3. 有大局意识和全局意识

领导者是组织中的领头羊，领头羊不能只顾自己前行，而是应该带领所有人，也就是整个组织，一起长久地前行。所以作为领导者，在处理事情时应该更多地从全局出发，从长远利益出发。

4. 公平、公正

在领导者处理的众多事务中，不乏有组织内部的矛盾冲突，领导在处理这些问题时须做到公平公正，对事不对人，凡事要"一碗水端平"才可服众。

二、待人的艺术

1. 以礼相待

以"礼"待人是对他人尊重的体现，也是自身人格魅力的一种体现。无论是对待上级还是对待下属，无论是对待伙伴还是对待对手，都需要给予尊重，不可只尊重上级，对下级就可以侮辱轻视。

2. 知才、善任、容才

领导者应如同伯乐般善于去发现和挖掘人才，充分地信任他们，将适合的人放到适合的岗位，给予下属展现才能的机会和平台，积极地发挥其身上的作用和价值。并且领导者还应有广阔的胸襟去容纳这些人才，善于发现和重用优秀人才，而不是对强于自己的人进行打压和排挤。

3. 宽阔的胸怀

制度是用来约束和保护人的，制度明确了我们应该做什么和不应该做什么。领导者更要起示范作用，做好了要嘉奖，做错了便要接受惩罚，这样才能起到规范作用。但作为领导者，也要学会允许下级犯错，只有在错误中他们才能够得到成长。人们并非一出生便是十全十美、无懈可击的。值得注意的是，领导者一定要在他们犯错时及时指出，并加以正确引导，这才是积极做法。

4. 保持合适距离

领导者并非要高高在上，让人高不可攀，也并非亲密无间，可以兄弟相称。作为领导者应该与上级和下级之间保持适合的距离。对于上级而言，如果领导者与其距离过大，难以了解其意图和行事风格，会给沟通协调带来一定的障碍；而如果与上级走得太近，会让关系变得庸俗，遭人非议。对待下级也是如此，距离太大会让下级感觉领导者对自己而言高不可攀，会给下属带来威慑感，有增强指挥效果的作用，但距离过大难以了解真正的民意，难以了解员工在工作中的真实情况，也会导致下级有好建议不敢提；相反关系太近会受情感束缚，难以发挥出指挥的权力。

三、讲话的艺术

讲话是人际交往取得良好工作效果的主要方式，更是领导者的基本功。提高领导者讲话艺术的方法有以下四点：

1. 了解讲话的对象

讲话对象由于性格、年龄、职业、文化程度、政治立场、思想觉悟的不同以及心理欲望、情绪、个性的不同，对领导者讲话内容的要求不同，对讲话内容理解的角度也大不相同。因此领导者在讲话之前必须深入了解讲话对象的特点，选择与之对应的讲话方式和措辞，努力做到深入浅出，雅俗共赏，让听者有所知有所得。同时，注意讲话对象的现场表情和反应，适当穿插精彩的事例或故事，调动听者的抽象思维与形象思维，谋求最佳的现场效果。

2. 明确的讲话目的，围绕主题展开

讲话主题的要点不宜过多。要点超过了常人听力记忆和理解记忆的限度，内容再好也会影响听者的兴趣和情绪。讲话内容引用的数据资料要准确，正视现实，不回避矛盾和问题。千万不要玩弄修辞，哗众取宠。只有讲真话实话，才能以理服人，达到讲话的目的。

3. 掌握讲话的技巧

领导者讲话口齿要清楚，声音要洪亮，语速和节奏要与讲话的内容、听者的反应相匹配，富有变化和美感，动态地调整语气。同时，也要注意非语言沟通的技巧，如保持适当的眼神交流，使用恰当的肢体语言等，以增强讲话的感染力和说服力。

4. 根据会议的性质和目的来决定讲话方式与内容

在咨询会议等民主讨论会上，领导者的角色是向导和导演，不是演员，要少讲或不讲，仔细聆听各方面的意见，不轻率肯定或否定哪方面意见，总结时要全面吸收各家之长，引导群众深入探讨但不作结论。在领导班子内部的政策研究会上，应在深思熟虑的基础上敢于亮出自己的观点。要有坚持真理的勇气，不人云亦云或顺着一把手的梯子爬。在执行性会议上，则要指明目标任务，做出具体的部署和分工，落实人员和资源，应讲得具体、明确、清晰，而没有歧义。在告知性会议上，领导者讲话要依据文件做出必要的解说，但不能随便发挥，以免冲淡主旨。

第六章　控制职能

第一节　控制概述

一、控制的定义

控制是指接受内部与外部反馈信息，按既定的计划、目标与标准，对各项工作进行监督、检查，发现偏差并予以纠正，使之按计划进行或做出调整，以确保组织目标的实现的管理活动。通过控制活动，将目标与计划转化为现实的一个过程。从定义中不难看出，控制包括几层含义：

（1）检查、验证；

（2）与标准进行比较；

（3）行使职权予以干涉；

（4）进行调整或调节。

1. 控制与其他管理职能的关系

1）控制与计划的关系

计划是控制的前提，计划提供了进行控制的标准和评估绩效的准则，同时也明确了进行控制的关键点。只有对照计划中制定的各项标准，控制才能有的放矢。没有计划就没有控制，计划越周密，标准越清晰具体，控制就越容易实施；而控制工作越合理、高效，计划目标的实现就越有保障。孔茨在其《管理学》一书中形象地将计划和控制工作看成是一把剪刀的两刃，任何一刃缺少，剪刀都无法发挥其基本的功能。控制的实质强调一个事实，即控制的设计越是能反映计划，并同计划的特性和组织的结构相适应，则越能够服务于管理的需要。

2）控制与组织的关系

实施控制的部门和个人就是组织中的一员，完善的组织结构是成功开展控制工作的必要条件。组织结构越健全合理，适应完成计划目标的要求，在实现目标的组织活动过程中，控制就会变得顺利、高效；而控制工作尤其是人事方面的控制，直接关系到组织结构和体系健全和完善。所以在组织内进行组织结构设计、职能职权划分等工作时必须要考虑保证控制活动的有效实施。

3）控制与领导的关系

重要的控制工作往往由组织中的领导者来实施。领导者领导水平的高低和指挥的正确与否，直接关系到控制的合理性与有效性，进而影响到组织目标的实现；而控制能力的强弱，也是考核领导绩效、衡量领导水平的一个重要指标，甚至是关系到领导选拔的重要尺度。

2. 控制的前提

一般来说，一个组织中管理过程的第一步是制订计划，然后是组织和领导计划的实施。但计划实施的结果如何，计划目标是否得以顺利实现，甚至计划本身制定得是否科学？有效的控制工作即可以揭示这些问题。作为一项管理职能，控制是指按照计划标准，衡量计划的完成情况并纠正计划执行中的偏差，以确保计划目标的实现。

当计划付诸实施后，控制工作对于衡量计划的进度，发现计划执行中的偏差和确定要采取的措施等是十分必要的，同时，在必要的时候，控制能随时确立新的计划和目标，使之更符合组织自身的资源条件和环境的变化。

组织内任何形式的控制都要有一定的前提条件。控制的前提条件主要包括以下 3 个方面：

（1）控制要有计划。控制的主要任务是保证计划和目标的实现，控制是以预先制订的计划和目标为依据的，计划越明确、全面和完整，控制的效果也就越好。计划和控制是相互依存的，计划是控制的前提和依据，控制是计划实现的保证。

（2）控制工作的完成要有明确的组织机构和明确的责任人。在控制过程中一旦出现偏离计划的情况，管理人员就必须知道问题出在哪里，应当由谁负责并采取纠偏措施。因此组织设计时需要考虑设置专司控制职能的组织机构，同时需要建立健全的规章制度来指导控制工作的具体实施。同时，控制工作关系到组织目标实现的具体操作，需要针对关键的控制点和控制工作指派专人负责。

（3）控制要有信息反馈。如果没有将计划执行后的信息进行反馈，管理者就无法将预期目标与实际完成情况进行比较，也就无法采取下一步的控制措施。信息反馈的速度和准确性，是决定实施控制的关键，它直接影响控制的效果。因而组织中必须设计并维护通畅的信息反馈渠道，以保证控制的有效实施。为建立有效的信息反馈机制，组织可以考虑采用定期报告、实时监控系统、绩效评估会议等多种方式，确保信息的及时性和准确性。

二、控制的原则

标准是衡量实际绩效与预期绩效的尺度。在传统的经营活动中，由于组织成员少、工作流程清晰、产品结构简单，管理人员往往通过自己的观察就能完成控制职能的工作。随着经营活动越来越复杂，每个管理人员无法亲自完成所有的检查工作，这就要求必须选择一些特别重要的控制点，对这些控制点给予重点检查，确保组织正常运转。

1. 控制的关键点原则

很多管理人员都希望能够对所管理的人员和工作进行全面的控制，但是由于组织中的活动往往错综复杂，无论从经济的角度还是效率的角度，全面的控制既无必要，也不可能。"次要的多数，重要的少数"是社会经济活动中普遍存在的现象。事实上，只要对几个关键因素进行重点控制，就能达到对组织的有效控制，起到事半功倍的效果。在控制工作中突出重点，也是提高控制效率，以最小的代价达到控制目的的需要。

意大利著名经济学家、管理学家帕累托在研究经济问题时发现了著名的"帕累托收入分配定律"，也被称为"80/20"法则，这一现象在商业界、管理领域和日常生活中处处可见。选择控制的关键点是决定控制效率和效果的关键，如果关键点设置过多，则可能造成管理人员疲于奔命，深陷日常烦琐的工作中；关键点设置过少，许多重要的偏差都没能得以及时发现和解决，给组织带来巨大的危害；关键点设置得不合理，"关键"的环节没有被关注，反而是"非关键"的场合下足了功夫，结果可想而知。

2. 控制的例外原则

控制的例外原则是指在所确定的控制关键点、控制标准之外，仍有诸多事前无法预料的事情发生，对这些例外事件的处理往往无章可循，但是这些例外事件又会对组织目标的实现造成眼前或者长远的危害，因此需要特别关注它们。一般地，控制人员越是只注意一些重要的例外偏差，也就是说越是把控制的主要注意力集中在那些超出一般情况的特别好或特别坏的情况，控制工作的效果和效率就越高，因为这从一个侧面说明常规的关键控制点上没有发生偏差。在实际工作中，强调例外要与突出重点结合运用，尤其应关注关键问题上的例外情况。

但是在日常控制活动中，不能只关注例外事件，凡是对达到组织目标没有重要意义的项目与事务，都不应该经常核查，而只是以防止情况恶化为限。它应该严格地用"例外"来控制。即应该树立一种标准，定期地进行衡量，并且只是进行抽样衡量，只有当情况比较明显地与标准出现偏差时才予以控制。控制的重点应放在对组织目标有重要意义的项目与事务上。

在实际工作中，例外原则必须与关键点原则并重。确保控制系统同时满足效率和效果两个方面要求的最重要方法之一是，明确区分哪些是关键点控制问题，哪些属于例外处理问题。此外，管理人员应根据长期以来确立的例外原则，重点关注计划执行过程中的例外情况。如果同一例外情况经常出现，这表明该组织的控制设计存在问题，需要及时进行调整和纠正。

第二节　控制的类型

一、按控制阶段划分

根据控制活动的位置，即侧重事务进程的某一阶段，可将控制分为事前控制、事中控制与事后控制，也称为前馈、现场和反馈控制。

1. 事前控制

事前控制又被称为预先控制或前馈控制，是指在偏差发生前，预测并采取措施防止可能发生的偏差，将可能的偏差消除于产生之前。事前控制有一个假设：在控制之前已经详细掌握了控制的关键点及相应的标准，如对一个生产企业而言：对某个生产周期的原材料消耗定额、产品质量标准、生产活动中所需的人员数量和质量、资本数量、生产周期、交货时间节点等各个方面均有一个全面系统的掌握，然后根据科学的计算分析哪些原材料缺乏、哪些有富余，缺少哪方面的专业人才，哪些机器设备需要更新或者维修等，这些活动都在实际的生产活动之前进行，其目的就是保证正式生产活动开始后可以顺利运转。

事前控制优点是：可防患于未然；适用于一切领域所有工作；针对条件的控制，不针对具体的人，易于被接受并实施。其缺点是：需要大量准确信息；对过程要了解；及时了解新情况及活动中出现的问题。事前控制的工作量非常大，相应的投入较多，而且往往由于事前控制不能为组织带来直观的"效益"，而往往被高级管理者所忽视。从管理学的角度分析，事前控制是最佳的控制方式，因为可以避免由于偏差给组织带来的损失，确保组织目标的顺利实现。

2. 事中控制

事中控制是监督现场，对正在进行的工作及时采取纠正措施，保证按预定的计划办事。它有监督和指导两项职能。监督是指按照预定的标准检查正在进行的工作，以保证目标的实现。指导是指管理者针对工作中出现的问题，根据自己的经验指导下属改进工作，或与下属共同商讨矫正偏差的措施以便使工作人员能够正确地完成所规定的任务。具体的内容包括：①给下属人员恰当的工作方法和工作过程指示；②检查监督下属人员的工作；③发现不符合标准的偏差时，立即采取纠正措施。在部队日常训练过程中，常常采取现场控制，连长、排长直接在训练第一线检查工作，发现不符合标准的行为后，及时纠正处理，或记录下来，作为士兵考核的记录项。

事中控制的优点在于有指导职能，并且时效性强，及时纠正偏差，避免偏差积累扩大化后造成更大的损失，可提高被监控人员的工作能力及自我控制能力。缺点是受管理者时间、精力、业务水平的制约，现场控制的应用范围较窄，易形成心理上的对立。因此不可能成为日常性的控制办法，只能是其他方法的补充。

3. 事后控制

事后控制有别于现场控制，是在工作结束或行为发生之后，将结果的信息反馈到有关部门，再与目标或标准对比，发现偏差，找出原因，采取措施或做出调整。传统的控制方法多属于事后控制。如某连队在大比武中名落孙山，事后进行总结，找出造成比武过程中出现失误和不足之处的原因，并分析和找到解决办法，在今后的日常训练过程中加以改善。事后控制的优点是：总结规律，为组织开展下一步的工作创造条件，实现良性循环，提高效率。其最大弊端是实施措施前，偏差已产生，造成的损失往往无法挽回。

二、按控制手段划分

按所采用的手段，可以把控制划分为直接控制和间接控制两种类型。直接控制是指控制者对被控制对象直接进行控制的形式，间接控制是指控制者与被控制对象之间并不直接接触，而是通过中间媒介进行控制的形式。

1. 直接控制

直接控制可以理解为通过行政手段进行控制，它是一种直观的、也是最简单的控制方法。直接控制的优点在于：可以促使主管人员主动采取纠正措施并使其更加有效，有利于建立主管人员的威信和信任，有利于组织目标的顺利实现。但是，直接控制的办法往往不能使整个系统的效果最优。因为，直接控制忽略了组织中人的因素，不利于下级积极性、创造性的发挥；信息太多以致无法全面科学地处理；信息反馈容易引起时滞现象。因此，直接控制的应用局限在某些特殊的领域和情况，如紧急情况处理、高度标准化的生产流程等。

2. 间接控制

在现代经济活动中，习惯上把利用经济手段进行控制称为间接控制，如将奖金与工作绩效挂钩。除此外，运用思想工作手段，形成良好的风气和正确的价值观，也可以有效地控制组织成员的行为，这同样属于间接控制的范畴。间接控制的方法有效地减少了需要处理的信息量，调动了组织中人的积极性，有利于整个经济系统达到更优的效果。间接控制适用于需要长期影响和潜移默化的管理场景，通过经济激励、文化引导等柔性手段，实现对组织行为的持续性调控。

第三节　控制的过程

控制过程一般可概括为 3 个步骤。①确定标准：为应实现的目标和应完成的任务制定标准；②衡量绩效：对照标准衡量实际工作，分析是否存在偏差；③纠正偏差：若存在偏差，找出产生偏差的原因，采取纠正措施。通过控制，才能使管理活动成为一个首尾相连的闭环过程，没有控制，就意味着管理工作有始无终。

一、确立标准

如何知道事情是否正在按计划进行呢？好比锻炼身体，将保持身体的健康看作是一种计划，如何知道身体是否健康呢？到医院进行一下常规的体检就能知道。进行体检就需要有一定的指标和标准，例如，根据世界卫生组织的现行标准，正常血压一般为收缩压在 90~120mmHg（1mmHg≈133.3Pa）之间，舒张压在 60~80mmHg 之间。管理也是如此，要有一个判断事情是否正在按计划进行的尺度，控制首先要从设定尺度和指标开始，即建立控制的标准。标准是衡量实际工作绩效的依据和准绳，它来源于组织目标，却不等同于组织目标。制定标准是控制工作的基础和起点。

控制标准的制定主要有以下 3 个过程：

（1）确立控制对象：控制首先遇到的问题是"控制什么"。理想的情况是，管理者对影响组织实现其目标的因素进行全面的控制，但是这种做法往往是不现实的和不经济的。控制应选择那些对组织的目标实现有重大影响的因素作为重点控制对象。

（2）选择关键控制点：正确选择关键控制点是良好控制的基础。对关键点的选择，一般应统筹考虑如下 3 个方面：会影响整个工作运行过程的重要操作与事项；能在重大损失出现之前显示出差异的事项；若干能反映组织主要绩效水平的时间与空间分布均衡的控制点。

（3）制定控制标准：控制标准可分为定量标准和定性标准两类。定量标准又可细分为实物量标准、货币标准、时间标准和综合标准等。定性标准主要反映组织形象、服务质量等方面的状况，一般难以量化。任何一项具体工作的衡量标准都应该从有利于组织目标实现的总要求出发来加以制定，因此需要有针对性地对重点控制对象和关键控制点制定合理的控制标准。常用的制定标准的方法有 3 种：统计方法、经验估计方法、工程方法。

在控制标准的制定过程中，应注意以下几个方面：①便于对各部门的工作进行衡量；②有利于组织目标的实现；③与未来的发展相结合；④尽可能体现出一致性；⑤经过努力可以达到；⑥具有一定的弹性。

二、衡量绩效

假如组织正常管理活动中的偏差都能在产生之前就被发现，管理者就可以预先采取必要的措施，防止这种偏差的出现并取得良好的效果。这是一种理想的控制与纠偏的方式，但并非所有的管理人员都有卓越的见识能预估出问题，在客观条件的限制下，最满意的控制方式就是：必要的纠偏行为能在偏差产生之后迅速采取。为此，要求管理者及时掌握能够反映偏差是否产生，并能判定其危害程度的信息。

标准是衡量业绩的工具，衡量实际工作的关键是及时获取有关工作成果的真实信息，一般是通过口头和书面汇报、直接观察和抽样检查3种方法取得信息。管理者在准备实施衡量工作时，应确定衡量的主体、衡量的对象、衡量的方法、衡量的频率等具体内容，并建立科学可靠的信息反馈系统，以确保衡量工作的开展。

衡量的结果一般来说有两种，工作正在按计划进行，或者工作的进程与计划存在着差距。假如工作正在按计划进行，保持继续进行就可以了。假如工作没有按计划进行，就意味着实际的进程与计划之间存在着偏差，就要进行纠偏工作。

通过衡量实际工作还能起到检验标准的客观性和有效性的作用。利用预定的标准为依据来衡量实际工作时发现的偏差，偏差到底是执行中出现问题还是标准本身存在问题呢？因此，可以根据对实际工作绩效的衡量情况，不断地检验和修正控制的标准，以提高控制工作的实际效果。

三、纠正偏差

1. 找出产生偏差的主要原因

实际上并非所有的偏差都会影响组织的最终成果，有些偏差可能是由于计划本身和执行过程中的问题造成的，而另一些偏差则可能是由于某些偶然、暂时、局部性的因素引起的，因而不一定会对组织活动的最终目标产生重要影响。因此，在采取纠偏措施之前，必须首先对反映偏差的信息进行评估和分析，找到造成偏差的主要原因。

2. 进行偏差辨识和分析

在管理控制过程中，需要予以矫正的可能不仅是组织的具体活动，也包括指导这些活动的计划或事先确定的衡量这些活动的标准。调整计划目标或控制标准的原因是：原先的计划或标准制定得不科学，在执行中发现了问题；由于客观环境发生了预料不到的变化，原来被认为是正确的计划不再适应新形势的需要。

在识别和分析偏差中需要注意的是，如果产生的偏差仍属于允许的范围内，则不必直接采取纠偏措施；有时产生的偏差有利于组织目标的实现，也不必对其进行纠正。因为一般的纠正偏差的方案会扰乱现有的工作，影响组织目标的实现，所以何时采取纠偏措施以及实施的力度都需要慎重考虑。

3. 纠正偏差

在对偏差原因作了深入透彻的分析并确定了纠偏的对象后，管理者就要确定适当的纠偏措施。具体的纠偏措施通常有两种：一种是临时性的应急措施；另一种是永久性的根治措施。对那些可能迅速解决的、直接地影响组织正常活动的急性问题，多数应立即采取行动，确保按期完成任务。危机克服后，可转向针对问题产生的原因的根治措施，以消除产生问题的深层次的原因。

在控制措施的选择与实施的过程中，管理者需要注意保持矫正方案的双重优化。第一重优化：纠偏的成本应小于纠偏可能带来的损失；第二重优化：在第一重优化的基础上，通过对各种纠偏方案的比较，找出其中追加投入最少，成本最小，解决偏差效果最好的方案来组织实施。

管理艺术篇

第七章　沟　　通

第一节　沟通概述

一、沟通的含义

在人类社会交往中，沟通是基本行为过程；在管理活动中，沟通是重要的组成部分，也是管理者重要的职责之一，在计划、组织、控制等管理职能的执行过程中都必须通过相互间的信息传递才能够完成。

沟通是指通过一定的载体，将信息在个体或群体之间从信息发送者传递到信息接收者，并且让双方对于该信息保持一致的理解。

沟通作为管理的重要手段之一，在管理中扮演着重要的角色。其一，组织内部的沟通为科学的决策奠定基础。通过组织内部的沟通，领导者获取大量的信息情报以提升判断力，从而进行决策；下属人员与上级管理人员主动沟通，提出自己的建议，也将为领导者做出决策提供参考。其二，组织内部的沟通为有效的工作提供保障。工作的目标、进程、方式方法、要求等因素只有通过沟通才能达成共识，促进上下级之间、各部门之间的充分了解，促成工作任务正确圆满地完成。其三，组织内部的沟通为激励员工提供条件。每个员工都有得到他人尊重以及自我价值实现的需要，都会要求对自己的工作能力有一个恰当的评价。通过沟通，领导的表扬、认可或满意将及时传递给员工，对员工形成激励，激发他们的工作热情和潜力，从而使员工更加积极地、有创造性地工作。其四，组织外部的沟通为组织发展营造环境。通过密切联系社会，加大与政府部门、其他组织及媒体单位的沟通交流，组织在社会上不断取得声誉，塑造良好的外部形象，从而建立起有利于组织发展的外部环境。

二、沟通的过程

沟通的过程是信息发送者以特定方式将信息传递到信息接收者的过程。具体来说，这一过程由信息发送者开始，信息发送者首先将头脑中的动机、想法和决定进行编码，形成信息内容，然后通过传递信息的媒介物——信息沟通渠道传递给信息接收者。信息接收者在收到信息后，首先将其翻译（解码）成自己可以理解的译码。信息发送者在进行解码时会受到个人的知识、经验、文化背景和社会系统的影响，有时甚至会造成信息传递后的"乱码"（即出现理解偏差）。沟通的最后一环是反馈，指信息接收者把收到的信息按照自身的理解返回给信息发送者，或者按照信息的内容要求做一些活动，并对信息内容是否被正确理解进行检查，以纠正可能发生的某些偏差。整个沟通过程都可能受到噪声的影响，从而影响沟通的效果。

以上的沟通过程中包括 6 个基本要素：信息发送者、信息、沟通渠道、信息接收者、噪声、反馈，这些要素之间的关系如图 7 - 1 所示。

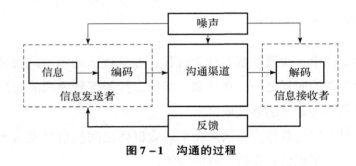

图 7 - 1　沟通的过程

1. 信息发送者

信息发送者作为沟通的主动方，有意图将自己的某些想法或者思想传递给他人，并希望接收到信息后，能够与信息接收者对该信息拥有同样的理解，即双方对该信息有统一的认识。在信息发送者将信息发送前，需要将该信息以某种形式传递出去，如语言、文字、形体暗示等，而且需要考虑信息接收者对该信息产生歧义的可能性，这就需要信息发送者对信息进行一定的处理——编码。编码的水平反映了信息发送者掌握沟通技巧的水平。举例来说，如果一个中国人用中文对只懂英语的外国游客进行当地名胜的介绍时，无论这个中国人对于这处名胜的了解多么深入，讲解得多么生动，都无法达到这次沟通的目的——使外国游客了解这个名胜的基本情况。在军队，下发命令、传递消息对于信息的准确性要求极高，为了避免因为没有"共同语言"而造成的信息失真，需要准确地对信息进行编码。

2. 信息

信息本身是信息发送者希望传递的内容的主体，沟通的目的就是要将此信息准确传递给信息接收者。沟通中的信息种类很多，包括信号、符号、图像、消息、情报、数据、资料等。信息包括三方面的要素：

（1）内容。信息必须具有意义。如果发送者认为信息很乏味，可能在不得已的情况下才会发出；如果接收者认为所收到的信息很乏味，可能不会有效地接收。信息能否被有效接收，主要看信息包含的内容。

（2）感情。信息所蕴含的意义很少是纯粹的信息，有时也包含着发送者的感情因素。感情在商务沟通中显现得较为强烈，组织与供应商、经销商的关系，谈判、接受命令和下达指示、个人绩效评估、接受与执行任务等活动都牵涉发送者和接收者的感情因素。

（3）不包括在内容里的东西。在发送的信息中，本来可以讲却没有讲出的信息可能比实际讲出的内容还要重要。

3. 沟通渠道

沟通渠道是信息内容传递的载体。沟通渠道的选择对沟通活动的顺利实施具有重要作用，一般的通知使用口头语言传达的方式，重要的通知则需要下发正式的文件。

4. 信息接收者

信息接收者是否能够准确理解传递过来的信息，进而按照信息的要求完成信息发送者希望他所做出的行为是沟通的最终目的。信息接收者收到信息发送者"编码"的信息内容后，根据自身的文化知识和背景对该信息进行解码，并凭借自己对该信息内容的理解进而采取行动。一般来说，信息接收者如果能够首先分析信息发送者的意图，并结合自己对信息发送者知识、文化和背景的认识，可以大大提高其"解码"后对该信息的正确理解。同样，信息发送者在"编码"过程中如果能够考虑信息接收者的知识、文化和背景，有针对性地进行编码，则也可以提高沟通的准确性。

5. 噪声

噪声作为信息传递过程中的干扰因素，可能在沟通过程的任何环节上造成信息的失真，从而影响沟通的有效性。噪声产生的原因多种多样，也是造成管理沟通障碍的重要原因之一，如由于文字潦草、发音不准等造成的信息失真现象等。

6. 反馈

信息接收者根据对信息的理解，或者直接使用沟通的方式与信息发送者进行交流，或者直接按照信息内容的指引进行某项活动，从而使信息发送者知晓这项活动的结果的过程就是反馈。反馈的作用在于使沟通过程成为双向过程，具有互动性。反馈是沟通活动一个循环的终结，却也可能是下一个沟通活动的起始点。根据不同的反馈信息，信息发送者会做出不同的反应：反馈正确，则此次沟通活动可能结束，也可能进一步沟通下一步的内容；如信息发送者对反馈的信息不够满意时，则需要重新进行上述的沟通过程，这种重新进行既可能是上一次沟通活动的重复，也可能是采用另一种形式来"编码"同样的信息内容。

第二节　沟通类型

一、沟通的一般分类

沟通存在普遍性和复杂性的特点，可以根据不同的标准对沟通进行分类。一般常用的分类有以下几种。

1. 按沟通的功能和目的分类

1）工具式沟通

这种沟通的主要目的是传递信息，同时也将发送者自己的知识、经验、意见和要求等告诉接收者，以影响接收者的知觉、思想和态度体系，进而改变其行为。

2）感情式沟通

这种沟通的目的为表达情绪状态，解除紧张心理，征得对方的同情、支持和消除误解等，从而满足个体心理上的需要，建立和改善人际关系。

2. 按沟通的组织系统分类

1）正式沟通

这种沟通是指按照正式的组织系统与层次，通过组织明文规定的渠道进行的沟通。这类沟通代表组织，较为正式和慎重。

2）非正式沟通

这种沟通是指在正式沟通渠道之外，通过私人的接触来进行的沟通。这类沟通代表个人，较为灵活和随便。通常表现为组织成员之间私下交换意见和传播小道消息等。

3. 按信息载体分类

1）言语沟通

言语沟通是指以语词符号实现的沟通，可以分为口头沟通与书面沟通。口头沟通是指借助于口头语言实现的沟通，是日常生活中最为常见的沟通形式，同时也是保持整体信息最好的沟通方式。通过面对面的沟通，管理者可以和组织成员进行坦诚、开放的交流，使组织成员觉得领导者理解自己的需求和兴趣点，从而增强组织成员对组织的认同感。

书面沟通是借助于书面文字材料实现的信息交流。书面沟通可以修正内容，因而是一种准确性较高的沟通方式。书面沟通的另外一个优点是持久性，它使沟通过程超越了时间和空间的限制，人们不仅可以通过文字记载来研究古人的思想，也可以将当代人的成就传给后代。但信息接收者感受不到信息发送者的人格和情感因素的影响，因而书面沟通对信息接收者的影响力有限。

2）非言语沟通

在沟通过程中，非言语沟通传递了大约 55% 的信息。然而，相对于言语沟通，人们往往会忽视非言语沟通的重要性，因而在不知不觉中使沟通的效果大打折扣。非言语沟通的实现一般有以下 3 种方式：

第一种方式为身体语言沟通，包括动态的身体语言和静态的身体语言两种。动态的身体语言是通过动态无声性的目光、表情动作、手势语言和身体运动等实现沟通；静态身体语言是通过无声性的身体姿势、空间距离及衣着打扮等实现沟通。

第二种非语言沟通方式为副语言（paralanguage）沟通，是通过非词语的声音，如重音、声调的变化、哭、笑、停顿等来实现。如口头语"真棒"，当音调较低、语气肯定时，表示由衷的赞赏；当音调升高，语气抑扬，则可能变成刻薄的讥讽和幸灾乐祸。副语言的研究是心理学研究的一个重要领域，许多测谎仪器的工作原理就是依靠语调的音频高低来判断的。

第三种非语言沟通的方式是物体操纵，包括环境的布置、辅助仪器与设备的使用等。例如，人们会选择不同的着装出席不同场合，因为衣着可以反映一个人的特点甚至是职业、性格等。在正式会议上，主席台的座位位置安排也是表达某种信息的重要手段。

4. 按沟通的方向分类

1）自上而下的沟通

这种沟通渠道涉及组织内部不同级别层次间的信息传递，按照组织的上下隶属关系和等级层次，信息由组织内部比较高的级别层次向较低的级别层次传递。它可以表现为上级给予下级的命令、指示、指导、文件、规定等，使下级了解组织的总体情况和自己应完成的任务，并努力加以完成。这种沟通往往带有指令性、法定性、权威性和强迫性，容易引起重视，并严肃对待。其主要目的是使组织成员了解组织的目标，改变组织成员的态度以形成与组织目标一致的观点并加以协调，从而消除组织成员的疑虑和不稳定心理。

这类沟通可能出现许多问题，诸如传递路线过长，太费时间，信息在传递过程中发生遗漏和曲解。甚至有些人只注意顶头上司的指示，而对更高层次的要求不予理睬。上层的信息传到底层，因和底层情况不合而造成失误。这些问题通常可以通过以下 3 种方法来加以缓解：①使组织结构设置合理化，尽量减少信息传递环节，从而缩短信息传递时间，减少信息扭曲的概率。②改善信息传递技术，如面对面交谈比通过电话交谈或小组讨论的效果好。③信息本身内容要明确、简洁，要使下属有压力感，使下属正确领悟信息内容，并给予高度重视，保持组织上层信息的权威性。

2）自下而上的沟通

这种沟通同样涉及组织内部不同级别层次间的信息传递，按照组织的上下隶属关系和等级层次，信息由组织内部较低的级别层次向较高的级别层次传递。它通常表现为下级对上级信息的反馈和下层情况的反映。这种沟通往往带有非命令性、民主性、主动性和积极性，是上级掌握基层动态和下级反映个人愿望的必要手段。

但是这类沟通的效率往往比较低下，主要原因包括组织规模和生产经营复杂造成向上沟通障碍，中层管理者对信息筛选后向上反馈而造成信息曲解，中层管理者向上层传递坏信息的拖延倾向，下级人员担心惩罚而隐藏或歪曲真实感情与重要信息，出于竞争的原因不愿向上传递不利己或利他的信息。针对这些因素，各组织应根据自身存在的问题及组织机构特色，通过座谈会、意见箱、接待日或设立专职机构和专门制度来提高沟通效率，但同时也要克服对下级信息不加甄别而盲目采用的倾向，努力创造一个能够畅所欲言的沟通环境。

3）横向沟通

这种沟通是指发生在组织内部同级层次成员之间相互的信息沟通，以谋求相互之间的了解和工作上的协作配合。这种沟通往往带有非命令性、协商性和双向性。金字塔型的组织结构显示，越是在底层的雇员彼此间的距离越大，对信息的需求越强烈，因此，这种沟通方式在组织信息沟通中有特殊的作用。

横向沟通过程中最大的障碍主要来源于组织内部部门化以及个人间的冲突，为促进横向沟通可以从以下几方面入手：首先，绘制明确的组织结构图，从而明确上下级隶属关系，减少雇员之间不必要的臆测；其次，精确描述个人工作，使每个雇员准确地知道其应该做什么和如何做，明确彼此间的权利和义务；再次，鼓励例行会议和沟通，加强信息沟通；最后，加强冲突管理，增强下属的沟通技能和需求。

4）斜向沟通

这种沟通是指发生在组织内部既不属于同一隶属序列、又不属于同一等级层次之间的信息沟通。这种沟通的发生有时也是为了加快信息的交流，谋求相互之间必要的通报、合作和支持，往往更带有协商性和主动性。

5. 按沟通的反馈情况分类

1）单向沟通

这种沟通是信息仅沿一个方向传递的过程，该过程中没有反馈，信息的发送者和接收者之间的地位保持不变。其特点是速度快、无干扰、秩序好；但由于没有反馈，实收率低，接收者容易产生挫折、抗拒和埋怨心理。这种沟通适用于以下情况：问题简单，时间紧急；下级易于接受解决问题的方案；下级不了解问题的充分信息，反馈可能造成混淆视听；上级缺乏处理负反馈的能力，易于感情用事。

2）双向沟通

这种沟通是信息流动方向可逆的来回反馈式沟通，即信息可沿两个方向流动并允许反馈；在该过程中信息的发送者和接收者之间的地位不断变化。其特点是速度慢、气氛活跃、有反馈、实际接收率高、人际关系较好，但信息发送者的心理压力较大。这种沟通比较适合以下情况：问题复杂，时间充裕；下级对解决问题的方案接受程度至关重要；下级能够对问题的解决提出富有建设性的意见；上级习惯于双向沟通，并且具备解决负反馈的能力。

二、正式沟通网络

在信息沟通过程中，无论是发送者直接将信息传递给对方，还是经过某些中间环节传达给接收者，都必须通过一定的沟通路径。组织中各种方向的沟通可以形成各种各样的模式，这种模式称为沟通网络。沟通网络可以反映组织的结构，也可表明组织中的权力系统。

正式沟通网络有 5 种典型的形式，如图 7 - 2 所示。

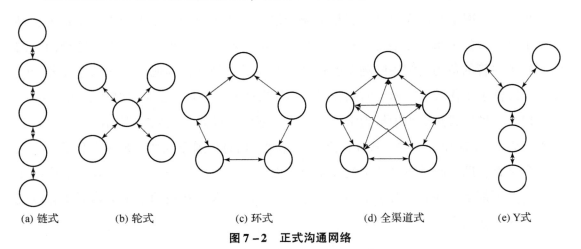

| (a) 链式 | (b) 轮式 | (c) 环式 | (d) 全渠道式 | (e) Y式 |

图 7 - 2　正式沟通网络

1. 链式沟通网络

链式沟通网络在组织中常常存在。在该种沟通网络中，信息逐级传递，只有上行沟通和下行沟通，居于两端的人只能与邻近的成员联系，居于中间的人则可以分别与两端的人沟通信息。由于信息经过多个层级进行传递与过滤，信息的内容容易失真，使得信息接收者所得到的信息差异较大。

2. 轮式沟通网络

轮式沟通网络属于控制性的沟通网络，在该种沟通网络中，一个管理者分别与一个下级进行沟通，但是下级之间却没有相互沟通。管理者处于信息的传递和交汇点，这种方式解决问题速度快，集中化程度高，但沟通渠道过于单一，不能使下级了解组织的相关信息，导致下级的不满和士气的低落。该种沟通网络形式适合于组织接受紧急任务、需要进行严密的控制、同时需要争取时间和速度的情形。

3. 环式沟通网络

环式沟通又称为团队型沟通，在该种沟通网络中，成员间依次以平等的地位相互联络，不能明确谁是主管、领导或中心人物，组织的集中化程度低。由于沟通渠道窄、环节多，信息的传递速度慢，但成员之间相互满意度和士气均较高。组织在建立工作团队的初期可以考虑使用这种方式。

4. 全渠道式沟通网络

全渠道式沟通网络是一种完全开放式的沟通网络，在该种沟通网络中，沟通渠道较多，每一个成员之间都有一定的联系，地位平等，合作气氛浓厚，主管身份不明确，组织集中化程度低，但成员满意度和士气较高。委员会式的组织结构中使用全渠道式的沟通形式较为常见。

5. Y式沟通网络

Y式沟通网络又称为秘书控制型沟通网络。这种沟通网络相当于组织负责人、秘书和下级人员的关系。秘书是信息收集和传递的中心，对上级主管负责。这种沟通网络减轻了主管的负担，解决问题速度较快，但除了主管外，其他成员的满意度和士气低下，降低了工作效率。而且时间长了，容易造成秘书越权，很多事情代替领导包办。

以上5种形式是组织中最为常见的正式沟通网络模式，它们在不同的情况下各有特点，表7–1对比了5种形式在信息传递速度、信息传递正确性、是否有利于产生领导者和是否有助于激励下属的士气等4个方面的特点。由该表可知，没有一个网络在任何情况下都是最好的。对于不同的任务、不同的要求、不同的组织结构形式，应使用不同的沟通网络。

表7–1　5种正式沟通网络的比较

比较标准	链式	轮式	环式	全渠道式	Y式
信息传递速度	一般	快	慢	快	一般
信息传递正确性	高	高	低	一般	高

比较标准	链式	轮式	环式	全渠道式	Y式
领导者的产生	一般	显著	不产生	不产生	一般
激励下属士气	一般	低	高	高	一般

三、非正式沟通网络

非正式沟通是指对信息传递的媒介和路线未经事先安排，它的发生具有一定的偶然性和随机性，但这种沟通还是有一定规律的。图7-3显示了4种基本的非正式沟通网络形式，分别称为单线型、流言型、选择型和随机型。

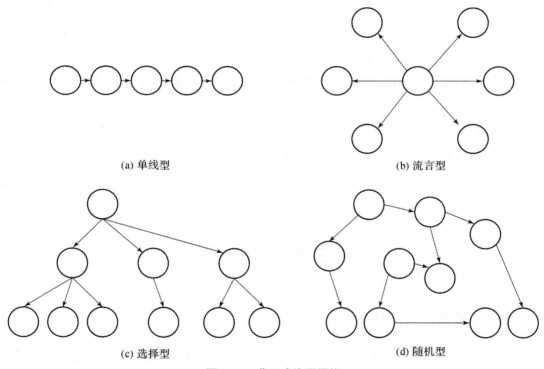

(a) 单线型　　　　　　　　　　　(b) 流言型

(c) 选择型　　　　　　　　　　　(d) 随机型

图7-3　非正式沟通网络

1. 单线型沟通网络

在单线型沟通网络中，信息依次传递，即一个人转告给另一个人，每次传递都是在两个人之间进行，并且没有构成闭环。在该种沟通网络中，传递的信息最容易失真，但适合传递不宜公开或机密的信息。

2. 流言型沟通网络

在流言型沟通网络中，信息由沟通网络中的一个人向其他所有人传播，传播者即是沟通渠道的关键人物。

3. 选择型沟通网络

在选择型沟通网络中，一个人可能选择几个中心人物传递信息，再由他们把信息传递出去。在该种网络中，通过有目的的传播消息，提高了信息传递的效率。研究表明，选择型沟通是组织中最为常见的非正式沟通网络形式。

4. 随机型沟通网络

在随机型沟通网络中，信息传播者把消息随机传递给某些人，这些人再随机传递给其他人，信息在人群之间随机地传递。信息发送者在发出信息前的目的性和目标性都不是很明确。

非正式沟通网络信息传播速度很快，但所传递的信息往往被严重扭曲，而且会造成正式沟通渠道的破坏。在任何组织中几乎都存在小道消息的传播，也是无法避免的；实际上，小道消息也能产生积极的作用，主要表现在：可使管理者了解组织成员所关心的事情；可以满足组织成员的社会需求；有助于组织内意见的交流，可以弥补正式沟通不灵活的缺陷；可以使组织经常注意环境的变化，更能适应突发事件等。

为了提高组织沟通系统的效率，管理者必须尽量消除小道消息的不利影响，如建立有效的正式沟通网络，培养健康的氛围，尽可能快地将事实传递出去，教育组织成员摆脱小道消息的不利影响等。另外，管理者还应学会利用和引导小道消息，使之成为正式渠道的补充。

第三节　管理沟通

一、管理沟通的定义与特征

沟通的目的是在一条河上架起一座桥梁，使两岸的人们可以顺利地通过这座桥梁建立联系，或到达对岸。对组织而言，如何在管理者和被管理者之间建立这样一座桥梁显得至关重要，如果管理者高高在上，不仅无法架起这样一座沟通的桥梁，还有可能让管理者与被管理者之间的"沟"越来越深。

1. 管理沟通的定义

美国前总统里根曾在一次酒会演讲时说："人生成功的秘诀，在于你能驾驭周围的群众"，他道出了组织管理中的一句金玉良言——高效的管理依托于无时不在的沟通。一个人是无法依靠自己把整个组织管理好的，如果工人们都毫无责任心地工作，再聪明和能干的厂长也无法完成生产任务；如果战士们都吝惜自己的生命，再高明的指挥官也无法打胜仗。所以，一个管理者成功的关键在于获得他人的大力支持与合作，与下属沟通的水平也体现了一个现代组织的管理水平。美国通用电气公司的名言"痛恨官僚主义"，体现了该公司提倡管理人员深入基层进行调查和座谈；韦尔奇的名言"沟通、沟通、再沟通"，将一个效率低下、组织结构臃肿、官僚主义严重的通用电气从破产的边缘拉回了快速发展的轨道。

沟通可以表现为三个不同层次：第一个层次，一种具有专门技术的过程；第二个层次，一种心理活动；第三个层次，一种管理工具。本节主要讨论的是管理沟通，它是指沟通者为达到某一目的，运用一定的策略和手段将信息传递给客体，以期得到客体相应反应和反馈的过程。不同于一般意义的沟通，管理沟通是围绕组织管理而进行的信息、知识和情报的传递，是实现组织管理目的的重要手段，也是组织有效运行的润滑剂。

管理与沟通密不可分。良好的沟通意味着有效的管理，成功的管理则需要通过有序的沟通促成。首先，管理沟通是管理人员更好地履行计划、组织、领导和控制的润滑剂。同时，在管理者所扮演的十大角色中，沟通也占据着十分重要的地位，有效的管理者必备的一项管理技能就是管理沟通。美国管理学会进行的一项调查显示，一般的管理者、成功的管理者和高效的管理者在平时的管理活动中沟通所占比重分别达到19%、28%和44%，足以显示沟通在成功的管理者工作中所占的比例越大。

2. 管理沟通的特征

1）管理目标导向性

管理沟通最关键的在于以管理目标为导向。换言之，沟通者希望通过沟通解决管理工作中的现实问题。例如，为推进公司改革而组织会议传达改革精神，为激励下属而安排面谈，为建立公司的良好形象而召开新闻发布会，均属于管理沟通。

2）双向性

双向性是指沟通者不但要把信息传递给对方，还需要了解对方的反应，确认信息传递出去之后的效果。如果信息传递出去没有达到预期的效果，则说明沟通失败，需要进行另一次沟通。

3）中介渠道的必要性

所谓"沟通"，首先要有"沟"，无"沟"不"通"，这个"沟"就是中介渠道。管理者为了达成信息的互通，必须建设好流程通道，设计好信息传递的载体。

4）有效策略的重要性

管理沟通是一个复杂的过程，体现在语言文字含义、沟通心理、信息理解等方面的复杂性。这些复杂性需要沟通双方，尤其是信息发送者，制定沟通的策略，以达到有效的结果。

二、管理沟通与管理职能的关系

管理与沟通紧密相连，管理沟通与计划、组织、领导、控制等管理职能之间也存在着密切的关系。

1. 管理沟通与计划职能的关系

计划是组织进行各类活动的基石，在整个管理活动中被视为首要职能。有效的计划，不仅指计划内容本身，还包括如何使组织成员充分了解计划，明确组织目标，理解行动方案。而为了实现这两个目的，都必须依靠有效的管理沟通活动，尤其是与下属的沟通。因此，就计划职能而言，其包含的管理沟通的重要内容包括：制订计划前，从基层收集信息、意见和建议；在制订计划过程中，不断广泛征求意见，并对重要的指标和政策进行公开论证，使下属在形成正式计划之前能够做到充分了解；在计划制订后，充分向下属传达，帮助其认识任务。

从现代管理的观点看，充分的授权才能够保证下属在实现组织目标的过程中主动地努力，充分让下属认识到自己的工作与组织目标实现之间的关系，明确个人目标与组织目标之间的关系，从而促进组织成员之间的相互信任，相互配合，精诚合作，共同为实现组织的目标而奋斗。其中，如何实现有效的授权、参与都是从提高沟通效果的角度来实现组织目标。

2. 管理沟通与组织职能的关系

组织工作是精心策划组织内部的角色结构，并将每一个角色分配给适合该位置的组织成员，以达到人力资源的最优配置。管理者在设定组织框架时，从权利、责任、要求等方面描述每个岗位的角色，同时需要充分了解组织成员的特点，进行人员与工作的匹配，使人员结成一定的工作关系。好的组织结构和人员配备可以保证人们在完成工作的过程中相互配合、协调一致，同时也为进行沟通初步规定了一定的正式沟通渠道、明确的上下级关系、规范的沟通过程。因此，管理沟通一方面为人员与工作的结合提供"润滑剂"，另一方面组织结构的设计也为管理沟通的实施创造了一个平台。

进入 21 世纪以后，传统的组织结构和管理模式发生了翻天覆地的变化，组织管理也不可避免地受到极大的冲击，组织结构从传统的"金字塔"型转向"扁平化"，其中一个主要的原因是为了适应快速传递消息，提高组织应对环境变化的需要，由此开展的组织流程再造工程将管理沟通和组织结构两项工作更加紧密地结合在一起。

3. 管理沟通与领导职能的关系

领导职能涉及管理者通过自身的行为对下属施加影响，使下属为努力实现组织目标而作出贡献。领导的关键是如何树立正确的权威，使下属能够在追随自己完成组织目标的同时也实现个人目标，从而保证领导职能的顺利完成。职位权力对于下属的影响力是有限的，这是因为由敬畏所带来的服从往往是被动和暂时的，特别是随着社会的不断发展，个体需求的多样化，下属更愿意追随一位既有个人能力和充满魅力、又保持高度的责任感和体贴下属的领导。因此，管理者必须通过管理沟通来展现自身的人格魅力、知识才华和远见卓识，淡化权力欲望，灵活掌握沟通技巧，才能充分发挥领导职能的作用。

4. 管理沟通与控制职能的关系

控制职能是衡量与纠正完成任务过程中的各类行为并促成计划完成的各种活动。为了使下属的行为能够保证计划中所规定的指标的完成，控制职能就是不断地进行防错、查错与纠错等活动。在控制过程中一个非常关键的环节就是信息的反馈，控制职能是根据不断地获得反馈，并针对反馈制定对策，保证计划得以实现的过程。反馈过程有赖于管理沟通的正常开展，如果没有有效的沟通就会造成两个方面的障碍：一是沟通渠道过于烦琐，影响信息反馈传递的速度，从而造成无法及时采取控制措施；二是沟通环境中某个节点出现问题，造成信息反馈时出现误差，从而造成控制的失效。

三、管理沟通的内容

管理沟通是由信息发送者发起，以促进组织的高效运转和员工关系的融洽为目的一种行为。因此，管理沟通在内容总体上包括信息沟通、知识沟通和情感沟通 3 个方面。

1. 信息沟通

信息沟通包括任务信息的沟通和数据信息的传递两个方面：

（1）任务信息的沟通是指组织运转过程中各种工作任务协调中的职能型沟通。任何组织都有其自身的任务，只有完成自身的任务才有存在的价值。因此，任务信息的沟通对于任何组织都是最重要的内容。

（2）数据信息的传递是组织信息沟通的另一个重要方面。数据化信息包括如市场占有率、市场营销费用、顾客的信息等的市场数据信息，如财务状况、成本费用等的财务数据信息以及如技术标准等专业知识的专业技术信息。

2. 知识沟通

现代管理学之父彼得·德鲁克认为，知识是一种能够改变某些人或某些事物的信息，这包括使信息成为行动基础的方式，以及通过信息的使用使某个个体有能力改变或进行更为有效行为的方式。知识沟通有两大特点：①沟通的频率较高，体现在组织日常的常规沟通中多围绕知识创新；②沟通的层次多，主要体现为正式沟通与非正式沟通共存。知识沟通的原则是层次简单、结构扁平、渠道畅通，以实现知识的共享。

3. 情感沟通

情感是员工全面发展的需求，情感沟通具有动力支持和情绪调节作用，能够提高组织的凝聚力，并且可以使管理者了解员工对组织政策的好恶程度，从而培养员工对组织的热情和忠诚感。

第八章　激　　励

第一节　激励概述

一、激励的含义

管理工作的目的在于提高组织绩效，而提高组织绩效的手段在于激励。因此，激励是管理学研究的重要内容。一般意义上说，激励是刺激某种需要和引起某种动机的行为。这里的需要是指人们对某种目标的渴求和欲望，它既包括基本需要，如衣、食、住、行等，也包括高层次需要，如社交、自尊、地位、成就等。动机是指诱发和引导某种行为、实现目标的一种内心状态。因此，激励就是满足组织成员的需求，激发组织成员的工作动机，使之实现组织目标的特定的行为过程。激励还可以理解为影响人们的内在需要或动机，从而加强、引导和维持人们行为的一个反复的过程。所以美国学者贝雷尔森和斯坦尼尔说，激励是人类活动的一种内心状态。

二、激励的一般模式

人的行为既会受到外界环境的影响，同时也与自身的因素有关。人的行为是由动机决定的，而动机是受需要支配的。

需要是客观刺激作用于人们的大脑所引起的个体对某种事物或目标的渴求和欲望。这里所说的客观刺激不仅有来自身体外部的，也有来自身体内部的。

有了需要就会产生相应的动机来满足和实现它。动机是人们行为产生的直接原因，它引起行为，维持行为，并引导人们去满足某种需求。当人们产生某种需要，又未能得到满足时，心理上会产生不安和紧张的状态，这种状态促成导向某种行为的内在驱动力，这就是动机。动机促使人们采取某种行动。行动的结果可能有以下两种：

（1）当人们通过行动接近和实现目标后，需要就得到满足，于是不安和紧张消除。随着新生活的开始，又会出现新的刺激，于是就产生了新的需要，有了新的动机和紧张感，再去采取新的行动，如此循环往复。

（2）行动的结果不能满足需要，使行为者受挫。此时，行为者可能就此消沉，采取防御性行为，放弃原有的目的。此外，行为者也可能越挫越勇，重新采取新的行动，以使需要得到满足。激励的一般模式如图 8-1 所示。

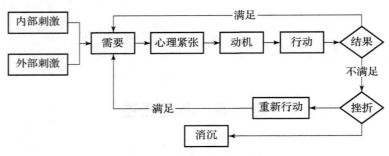

图 8-1 激励的一般模式

动机受需要的支配，有需要才会产生动机。相比之下，需要具有很强的客观性，而动机则纯属于主观性的东西。例如，同样需要钱，有的人希望通过诚实的劳动获得，而有的人采取投机倒把的方式获得，还有的人则采取偷抢的方式获取，这是因为各人动机不同的表现。需要是一个人缺乏某种东西的一种状态，而动机则总是和具体的行为目标和一定的行为方式联系在一起的。因此，动机更多地受社会环境、文化价值、意识形态、道德观念和个人品质的影响，它要经过更多的思维加工过程。

一个人也可能同时有许多需要和动机，但是人们的行为通常是由最强烈的动机引导和决定的。因此，要使得组织成员按照管理者的期望去行动，可以根据组织成员的需要设置某些目标，通过这些目标的引导，使组织成员表现出有利于组织目标的动机并按照组织需要的方式行动，这就是激励的实质。

第二节 内容型激励理论

内容型激励理论主要研究激发动机的诱因，从人的需要出发，探索引发、激励人的行为的因素。内容型激励理论主要包括马斯洛的需要层次理论和赫兹伯格的双因素理论。

一、需要层次理论

激励的实质在于满足人们的需要，促使其按照组织需要的方式行事。因此，为了激发人们的动机，调动人们的积极性，必须首先了解人们有哪些需要。诸多学者针对人的需要开展了研究，例如，一些学者将需要划分为存在需要、关系需要和成长需要；另外，有学者根据需要的来源将其分为自然需要和文化需要，根据需要的目标将其分为物质需要和精神需要。对人的需要的分析影响最大的是美国学者 A. H. 马斯洛（A. H. Maslow），他提出了需要层次理论。

1. 需要层次理论的内容

A. H. 马斯洛认为，人类需要是有层次的，按照从低级到高级分为 5 个层次，它们分别是生理需要、安全需要、社交需要、尊重需要和自我实现需要（图 8 - 2）。

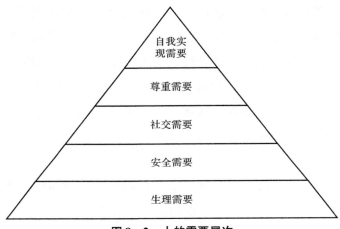

图 8 - 2　人的需要层次

1）生理需要

生理需要是人类为了维持其生存最基本的需要，也是人类最原始的、低层次的需要。它包括人的衣食住行以及自然界的空气、水等基本要素。如果一个人的衣食住行和空气、水都不能得到满足，那么这个人的生存也就成了问题。于是，这些基本的物质条件的需要就是人们行动最强大的动力。A. H. 马斯洛认为，当这些需要还未达到足以维持人的生命时，其他的需要将不能激励他们。当一个人同时缺少食物、安全、爱情和实现价值时，其最强烈的渴求当然是对食物的需要。一般来说，生理需要的满足大都与金钱和财富有关。

2）安全需要

当一个人的生理需要得到一定程度的满足后，他就开始有安全需要。安全需要包括对现在的安全的需要和对未来的安全的需要两类。即一个人的生活不仅仅在于眼前的生存问题，也要考虑生存同时的安全和未来可预见的预期，考虑自己的身体免遭危害，考虑已经获得的基本生理需要及其他拥有的金钱和物质财富不被剥夺。比如，人希望有不被随时开除的工作，不要受到失业的威胁；希望在生病及老年时生活有保障；要求工作安全并没有职业病的危害；希望解除严格的监督以及不公正的待遇；希望干净和有秩序的生存和工作环境；希望没有战争和意外灾害等。

3）社交需要

当生理及安全需要得到基本满足以后，人的社会交往的需要便占据主导地位。社交需要也被称为归属需要。人类是有感情的动物，希望与别人交往，避免孤独，希望与伙伴和同事和睦相处，关系融洽；希望归属于一个团体并得到关心、爱护、支持、友谊和忠诚。如果这种需要得不到满足，人们就会感到孤独、感到被社会抛弃和拒绝。

人为什么要归属于一个团体？一般来说，人们拥有寻找与自己信念相同的人交往、得到价值认可和心理归属的需求，这样既可以使自己的信念得到肯定，又可以在遇到危险时得到心理救助。于是，有共同信念的人便聚在一起，试图对所发生的事态及他们的信念达成一个共同的认识。爱情是较高层次的社交需要，它既包括男女之间的爱，也包括父母与子女之间的爱、兄弟姐妹之间的爱。为了爱情人们甚至可以舍弃一切。社交需要比生理需要和安全需要更加细致，每个人之间的差别也比较大，它和一个人的性格、经历、教育、信仰等因素有关。

4）尊重需要

当一个人满足了社交需要以后，通常不只是满足于做群体中的普通一员，而希望受到尊重。这里的尊重，既包括自尊，也包括受人尊重。

A. H. 马斯洛指出，自尊需要的满足使人有自信感，觉得自己在这个世界上有价值、有实力、有能力、有用处。而这些需要一旦得不到满足，就会使人产生自卑感、软弱感、无能感，这些又使人失去了基本的信心。

受别人尊重的需要则是希望别人尊重自己的人格，尊重自己的劳动，对自己的工作、人品、能力和才干给予肯定和公正的评价，在同事之中有较高的地位、声誉和威望，从而发挥一定的影响力。

5）自我实现的需要

自我实现的需要通常也叫成就需要，是人最高层次的需要。自我实现的需要就是要实现个人的理想和抱负，最大限度地发挥个人潜力并获得成功，实现自我价值。A. H. 马斯洛认为，当一个人的尊重需要得到满足以后，自我实现的需要就变成了第一需要。

这种需要往往是通过胜任感和成就感的满足来实现的。胜任感是指希望自己承担的工作与自己的知识能力相适应，工作带有挑战性，负有更大的责任，能取得好的结果，自己的知识与能力在工作中也能得到增长。成就感表现为进行创造性的活动并取得成功。具有这种特点的人一般给自己设立相当困难但可以达成的目标，而且往往把工作中取得的成就本身看成比成功带来的报酬更为重要。

2. 五种需要层次之间的关系

一般来说，生存需要和安全需要属于较低层次的需要，是物质方面的需要；社交需要、尊重需要和自我实现的需要属于较高层次的需要，是精神方面的需要。

A. H. 马斯洛认为，人的需要遵循递进规律，在较低层次的需要得到满足之前，较高层次需要的强度不会太大，更不会成为主导的需要。当低层次的需要得到相对满足之后，下一层次的需要就占主导地位，成为驱动行为的主导动力。

由于每个人的需要结构发展的状况不同，这 5 种需要在体内形成的位置有时也就不同，但是，任何一种需要都不会因为高层次的需要得到满足而自行消失，只是对行为的影响减轻而已。此外，当一个人的高层次需要和低层次需要都能满足时，他往往追求高层次需要，因为高层次需要更有价值，只有当高层次需要得到满足时，才具有更深刻的幸福感和满足感。

人们的 5 种需要往往同时存在，只是各自的需要强度有所不同。各层次需要之间相互依赖且以重叠波浪的形式演进，其相互关系可以用图 8 - 3 来表示。

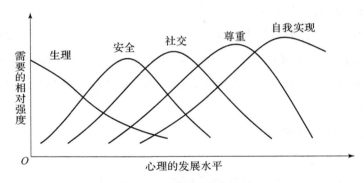

图 8 - 3　需要层次关系图

二、双因素理论

20 世纪 50 年代，美国心理学家 F. 赫兹伯格（F. Herzberg）围绕工作中让员工满意和不满意的事项以及持续时间两个问题，通过设计问卷对组织中的工程师和会计师进行调查。结果发现，员工感到满意的因素与感到不满意的因素是不同的问题，使员工感到满意的因素是工作性质和内容方面的，而使员工感到不满意的因素是工作环境或工作关系方面的。在总结调查结果的基础上，赫兹伯格提出了双因素理论，也称为激励 - 保健理论。

1. 双因素理论的内容

（1）保健因素，也称为环境因素，主要包括公司的政策、行为管理和监督方式、工作条件、人际关系、地位、安全和生产条件等除工作本身之外的外界环境因素。如果这些因素或条件满足了，只能消除员工的不满、怠工与对抗，而不能使员工非常满意，也不能激发他们的工作积极性，促进生产增长。F. 赫兹伯格之所以把这一因素称为保健因素，是因为这些因素只能防止疾病、治疗创伤，但不能提高体质。

（2）激励因素，主要包括工作富有成就感、工作成绩能得到认可、工作本身具有挑战性、负有较大的责任、在职业上能得到发展等工作本身的因素。这类因素的改善能激发职工的热情，从而提高生产率；如果处理不好，也可能引起职工的不满，但影响不是很大。

F. 赫兹伯格认为，传统的满意和不满意的观点是不正确的。满意的对立面是没有满意，不满意的对立面是没有不满意。因此，与传统观点相比，F. 赫兹伯格观点的不同在于消除了工作中的不满意因素并不一定能让员工满意。

F. 赫兹伯格提出双因素理论是基于如下假设：保健因素是一个人工作中必须要满足的因素，没有这些因素员工就会不满意，满足了这些因素，才能保障员工的正常工作，因此，保健因素的满足只能消除员工的不满意，而不能产生激励作用；而激励因素才是人们追求的因素，只有这些因素满足了，人们才会受到刺激和激励。

F. 赫兹伯格的双因素理论和 A. H. 马斯洛的需要层次理论的思想可以相互对应。A. H. 马斯洛的理论是针对需要和动机而言的，而 F. 赫兹伯格是针对满足这些需要的目标和诱因而言的。

2. 对双因素理论的评价

1）双因素理论的争议

双因素理论虽然得到很多人的认可，但它也遭到了不少争议。

（1）F. 赫兹伯格调查取样的对象和数量缺乏代表性。F. 赫兹伯格的样本仅仅 203人，且对象是工程师和会计师，他们在工资、安全、工作条件等方面都具有优势，因此，这些因素对他们不会起到明显的激励作用，但这不能说对一般的工人都是这样。

（2）调查的方法和问题存在缺陷。首先，把好的结果归结为自己的努力，而把不好的结果归结为客观条件，是人们一般的心理状态，人们的这种心理特征在 F. 赫兹伯格调查的问题上无法反映出来。其次，F. 赫兹伯格没有使用满意测度的概念，人们对任何事物都不是绝对的满意或不满意，可能是一部分满意、一部分不满意，或者比较满意，这种情况在 F. 赫兹伯格调查的问题中无法反映出来。

（3）F. 赫兹伯格把保健因素和激励因素截然分开是不妥的。实际上，保健因素和激励因素、内部因素和外部因素不是绝对的，它们是相互联系和转化的，保健因素也能产生满意，激励因素也能产生不满意。例如，奖金既可以成为保健因素，也可以成为激励因素，工作成绩得不到承认也可能使人不满意，消极怠工。

2）双因素理论对管理的启示

尽管存在争议，F.赫兹伯格的双因素理论对管理工作还是有一定的借鉴意义。满足人的不同需要所产生的激励程度是不一样的。管理者的职责是消除不满意因素，即提供健全的保健因素以满足员工的基本需求。物质需求的满足是必要的，但即使获得了满足，它的作用往往是有限的，不能持久。要调动人的积极性，不仅要注意物质利益和工作条件等外部因素，更重要的是要利用激励因素满足员工高层次的需求，注意工作安排、量才录用，注意对人的精神鼓励，给予表扬和认可，注意给人以成长、发展和竞争的机会。用这些因素来调动人的积极性，才能起到更大的激励作用。

第三节　过程型激励理论

过程型激励理论主要研究个体从动机的产生到采取行动的心理过程，研究如何由需要引起动机、由动机推动行为、由行为指向目标，是从激励过程的各个环节探索如何激发积极性的理论。过程型激励理论主要包括 V. H. 弗鲁姆（V. H. Vroom）的期望理论和 J. S. 亚当斯（J. S. Adams）的公平理论。

一、期望理论

美国耶鲁大学心理学家 V. H. 弗鲁姆于 1964 年发表了《工作与激励》一书，在书中提出了期望理论，时至今日，这一理论已成为主要的激励理论之一。

1. 期望理论的内容

期望理论的基本观点是，人们预期他的行为有助于达成某个目标或满足某方面的需要，由此激励他努力做好这件事情，从而达成目标或满足某方面的需要。V. H. 弗鲁姆认为，某一活动对一个人的激励力量取决于该活动所能得到结果的预期价值以及他认为达成该结果的期望概率。依据期望理论，激励是人们寄托于目标的预期价值和实现该目标可能性的看法的乘积，用公式表示为

$$M = V \cdot E$$

式中：M 为激发人的内在潜力、调动人的积极性的强度，通常称为激励力量；V 为达成目标以后对于满足个人需要价值的大小，通常称为目标效价；E 为达成目标并能导致某种结果的概率，它通常根据以往的经验来进行主观判断，称为期望概率。

这一公式说明，影响激励力量的两个关键因素是目标效价和期望概率，如果其中一项为零，则激励力量为零。换言之，当一个人对某一目标的达成毫无兴趣时，其目

标效价为零，这样他就没有动力去做这一件事；当一个人对顺利完成某项工作的概率估计很小或为零时，人们对目标的达成同样缺乏积极性。因此，高度的激励力量取决于高的目标效价和高的期望概率。

V. H. 弗鲁姆认为，进行激励时要注意以下 3 个关系：

（1）努力与绩效的关系。当一个人认为通过自己的努力可以达到预期的目标，或者达到目标的概率较高，他就会有信心，就可能激发出很强的工作力量。如果一个人认为目标高不可攀，通过努力达到目标的概率不大，从而努力也不会有好的绩效，他就会失去内在的工作动力，不愿意去干，导致工作消极。这说明，成功的期望越大，激励的力量也就越大。可见，组织在制订工作目标时一定要切合实际，不宜过高或过低，管理者应该与下属一起设置切实可行的目标，以激发下属的工作积极性。

（2）绩效与奖励的关系。人总希望取得成绩后得到奖励，这种奖励是广义的，既包括提高工资、奖金等物质方面的奖励，也包括得到表扬、获得自我成就感、得到同事们的信赖、提高个人威望等精神方面的奖励，还包括提拔到较重要的岗位上去等物质和精神兼有的奖励。如果人们认为自己取得绩效后能够获得合理的奖励，他就会产生工作热情；如果组织只要求人们做贡献，而不采取相应的物质和精神奖励，就会影响个人的工作积极性。因此，管理者应该根据员工的绩效制订相应的奖励制度。

（3）奖励与满足个人需要之间的关系。人总是希望自己所获得的奖励能够满足自己在某方面的需要。然而，由于人与人在年龄、性别、资历、社会地位和经济条件等方面都存在着差异，他们对各种需要的满足程度不同。因而，对于不同的人，采取同一种办法给予奖励能满足各个人的需要程度是不同的，能激发出来的工作动力也是不同的。管理者应根据不同员工的不同需要，有针对性地采取内容丰富的奖励方式，以最大限度地挖掘员工潜力，调动员工的工作积极性。

上述 3 种关系可以用图 8 - 4 表示。

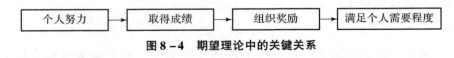

图 8 - 4　期望理论中的关键关系

2. 对期望理论的评价

1）期望理论的特点

V. H. 弗鲁姆的期望理论从目标和过程的角度来综合分析与激励力量有关的因素，它具有综合性和实用性的特点。这主要体现在：

一方面，效价的含义是综合性的。它既可以是精神的，也可以是物质的；既可以是正的，也可以是负的，还可以是零；它不是某个单项的效价，而是综合各种效价的总和。同一活动和同一激励目标对不同人的效价是不一样的，即使是同一个人，在不同的时候效价也不一样。

另一方面，期望概率不是客观的平均概率，而是指当事人的主观概率，它与个人的能力、经验以及愿意作出的努力程度有关。

2）期望理论对管理的启示

期望理论对管理者实施激励提供了有益的启示：

首先，在设置某一激励目标的时候，要尽可能地增加效价的综合值。例如，如果军队的立功受奖不仅意味着对现在工作的肯定，而且对将来的工作进步有直接的影响，甚至成为将来走上新的工作岗位的条件，那么，立功受奖的效价将大大增加。

其次，适当控制期望概率。期望概率不是越大越好，也不是越小越好，关键是要适当。当一个人完成任务的期望概率远远高于实际情况时，就可能产生挫折感，而期望概率太小，又会减少对某一目标的激励力量。因此，当一个人行为成功的期望概率太大时，管理者要劝其冷静，适当减小；当一个人行为成功的期望概率太小时，管理者应予以鼓励，让其增强信心。

最后，期望概率并不完全由个人决定，它与组织设置激励目标的实际概率有关，实际概率应该使大多数人受益，最好实际概率应该大于平均的个人期望概率，让人喜出望外，而不是让人大失所望。但实际概率应该与效价相适应，效价大，实际概率可以小，效价小，实际概率可以大。

二、公平理论

美国北卡罗来纳大学教授 J. S. 亚当斯于 1963 年发表了《对公平的理解》一文，1965 年他又发表了论文《在社会交换中的不公平》，从而提出了他的公平理论。公平理论研究的是报酬对人们工作积极性的影响。

1. 公平理论的内容

J. S. 亚当斯的基本观点是，人的工作积极性不仅受获得的绝对报酬的影响，更重要的是受相对报酬的影响。换而言之，人们通常总是习惯于将自己的报酬和自己所作的贡献与他人的报酬和他人所作的贡献进行比较。当比值相等时，他就感到公平，否则，他就感到不公平。

具体来说，人们会进行种种的比较确定自己获得的报酬是否合理，比较的结果将直接影响其今后的工作。比较包括横向比较与纵向比较两个方面：

1）横向比较

横向比较是指将自己获得报酬（包括工资、工作安排以及获得的赏识等）与自己的投入（包括教育、努力以及耗用在工作上的时间等）的比值与组织内其他人作比较，只有当这个比值相等时，他才认为是公平的。如下式所示：

$$\frac{O_P}{I_P} = \frac{O_c}{I_c}$$

式中：O_P为自己获得的报酬；I_P为自己的投入；O_c为他人获得的报酬；I_c为他人的投入。

当上式为不等式时，他就会感到不公平。不公平有两种情况，第一种情况如下：

$$\frac{O_P}{I_P} < \frac{O_c}{I_c}$$

在该种情况下，他可能要求增加自己的报酬或减少自己今后的投入，以便使不等号趋向相等。他也可能要求组织减少比较对象的报酬或者让其今后增加投入，以便使等式趋向相等。除此之外，他还可能另外找对象做比较，以使心理上达到平衡。

第二种情况如下：

$$\frac{O_P}{I_P} > \frac{O_c}{I_c}$$

在该种情况下，当事人得到了过高的报酬或者投入较少。一般情况下，他不会要求减少自己的报酬，而可能会主动增加自己的工作投入。久而久之，他会重新估计自己的技术和工作情况，终于觉得自己确实应当得到那么高的待遇，于是劳动又回到了过去的水平。此外，当事人可能担心自己优于他人所产生的不公平会影响他人对自己的评价以及组织中的人际关系，从而在工作中谨慎小心，积极性不利于被调动。

2）纵向比较

除了横向比较之外，人们也经常作纵向比较。也就是把自己目前的投入与报酬的比值同自己过去的投入与报酬的比值进行比较，只有相等时他才认为公平，可用公式表示为

$$\frac{O_{PP}}{I_{PP}} = \frac{O_{pl}}{I_{pl}}$$

式中：O_{PP}为自己现在的报酬；I_{PP}为自己现在的投入；O_{pl}为自己过去的报酬；I_{pl}为自己过去的投入。

当上式为不等式时，也包括两种情况。当现在与过去相比，报酬更少或投入更多时，会产生不公平的感觉，可能导致工作积极性的下降。当现在与过去相比，报酬更

多或投入更少时，人可能会主动多做一些工作；但人在该种情况下，往往不会产生不公平的感觉，因此也不会觉得自己多得到而主动多做工作。

2. 对公平理论的评价

1）公平理论的缺陷

公平理论反映了人们的一种攀比心理和平衡心理，在现实生活中有其客观性和普遍性，但公平理论本身涉及的问题相当复杂，主要表现在以下几个方面：

（1）公平理论中对投入和报酬的理解是一种主观判断，缺乏客观公正性。公平理论公式中自己与他人的报酬和投入都是个人感觉，而一般人总是容易对自己的投入或付出估计过高，对他人的投入和付出估计过低。

（2）公平理论中的公平缺少客观的标准。事实上，不同的人有不同的公平标准。比如，在年终评功评奖中，有人认为，大家工作差不多，贡献分不出大小，应该风水轮流转才是公平的；而另一些人则认为投票推选体现大多数人的意愿才最公平；还有人认为投票推选出来的先进只能反映了一个人人际关系的好坏，并不能反映一个人的工作绩效或贡献，因此也不公平。

（3）公平理论与绩效的评定有关，管理学强调按照绩效支付报酬，并在个人之间相对均衡。但是，针对绩效的不同评定方法会得到不同的结果。例如，可按照工作成果的数量和质量，也可按照工作中努力的程度和付出的劳动量；可按照工作的复杂、困难程度，也可按照人的工作能力、资历和学历。可见，绩效评定是一个复杂的问题。

（4）公平理论与评审人有关，不同的人会有不同的评定结果，如领导、群众或自我。由于同一组织内往往不是由同一人来评定绩效，因此会出现松紧不一致的现象。

2）公平理论对管理的启示

尽管公平理论在实际操作中存在问题，但是这一理论对管理工作也有重要的启示：

（1）影响工作绩效的不仅仅是报酬的绝对值，还有报酬的相对值，甚至相对值比绝对值更能影响员工的工作积极性。因此，管理者在运用公平理论时应当注意实际工作绩效与报酬之间的合理性。

（2）管理者在评定绩效时应该力求公正，使等式在客观上成立。尽管有主观判断上的误差，也不能造成严重的不公。

（3）在激励的过程中，管理者应该帮助员工正确认识自己与别人的报酬与投入，注意对员工进行心理疏导，引导员工正确选择比较对象、认识不公平现象、树立正确的公平观。

第四节　行为改造型激励理论

内容型激励理论与过程型激励理论主要研究如何满足员工的需要，从而促使员工产生组织所期望的行为。行为改造型激励理论着重研究通过结果反馈改造、修正行为，因此也称为反馈型激励理论。行为改造型激励理论主要包括 B. F. 斯金纳（B. F. Skinner）的强化理论和由 F. 海德（F. Heider）创始、B. 维纳（B. Weiner）和 H. H. 凯利（H. H. Kelly）等发展的归因理论。

一、强化理论

美国哈佛大学实验心理学家 B. F. 斯金纳通过大量的动物试验，发现了强化刺激在动物身上的作用。之后，他又进一步将这一试验用于人的学习研究上，发明了程序教学法和教学机。他强调，在学习中应遵循小步子和及时反馈的原则，将大量的问题分成许多小问题，循序渐进，他将编好的教学程序在机器里对人进行教学，获得了很好的效果。他于1938年出版《有机体的行为》一书，具体阐述了强化理论。

如今，强化理论被广泛地用于对人的激励和行为的改造上。V. H. 弗鲁姆的期望理论强调的是人对自己的行为后果的主观判断，而 B. F. 斯金纳的强化理论主要探讨行为后果对人行为的刺激作用。

1. 强化理论的内容

强化是指对一种行为的肯定或否定的后果，它对这种行为是否会重复发生具有重要的决定作用。B. F. 斯金纳认为，无论是人还是动物，为了达到一定的目的，都会采取一定的行为，这种行为将会引起一种结果。当行为的结果对其有利时，这种行为就会反复出现；而当行为的结果对其不利时，这种行为就会减弱或消失，这就是结果对行为强化的作用。换言之，行为是其结果的函数，人的行为是对外部环境刺激做出的反应。强化的过程包括三要素，分别是刺激、反应和后果。刺激指的是给定的工作环境，反应是指表现出的行为和绩效，后果是指奖惩等强化物。三要素之间相互联系，对被强化者的行为产生巨大影响。

强化理论包括4种强化手段，分别是正强化、负强化、惩罚和自然消退，如图8-5所示。

1）正强化

正强化又称为积极强化，是对于被组织认可和需要的行为加以肯定或奖励，从而增强这种行为。正强化的内容包括给予奖励或奖金、对成绩的认可、表扬、改善工作条件和人际关系、提升、安排挑战性的工作、给予学习和成长的机会等。个体在做出某种行为或反应，得到某种令其感到愉快的结果（如某种奖励），从而使行为或反应的强度、概率、速度增加。

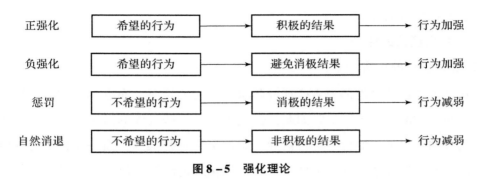

图 8-5 强化理论

2）负强化

负强化又称为消极强化，即事先警告，是对于不符合要求的行为以事先指出的形式予以否定，从而削弱这种行为，直至消失。通过事先指出不符合组织需要的行为，说明行为的危害以及相应的惩罚措施，使员工为了逃避惩罚而减少组织不希望出现的行为。该方法既能消除某些不合理行为，又能避免上下级之间的矛盾冲突。

3）惩罚

惩罚是对于某种行为给予强制性、威胁性的不利后果，从而减少或消除该行为重复出现以弱化行为。具体手段包括批评、处分、降级、降薪、罚款等。惩罚这一手段饱受争议，因为它无法向员工展示出正确的行为，并可能引起员工的怨恨和敌意。随着时间的推移，惩罚的效果也会减弱。

4）自然消退

自然消退存在两种具体的方式：

（1）对某种行为不采取任何措施，既不奖励也不惩罚，本质上是一种负面强化的手段。这种手段既能消除不合理行为，又能避免上下级之间的矛盾冲突。但这种手段所引起的行为消失在没有良好的行为置换时可能死灰复燃，因此需要与其他方式相结合以发挥最佳效果。

（2）取消正强化，即对原先采取正强化手段加以鼓励的行为不再给予正强化，使其逐渐消失。

强化的方式有连续强化和间断强化。连续强化是对组织所需要的每一种行为都给予强化；间断强化是经过一段间隔才强化一次。不同的强化形式所引起的效果是不一样的。有的只要给予强化刺激，反应就很快，但刺激消失，强化也就马上消失；有的虽然强化刺激的反应不快，但刺激消失，行为却不会马上消失。因此，每种强化的方式所引起的效果不是绝对的，管理者在使用强化刺激时，既要注意强化刺激的内容，也要注意强化刺激的方式。

2. 对强化理论的评价

1）强化理论的优劣

强化理论强调的是外部因素或环境刺激对行为的影响，而忽视人的内在因素和主观能动性对环境的反作用。尽管如此，强化理论的一些具体的做法对管理者是很有帮助的，其有助于对员工的行为进行引导。这种引导不是操纵，而是使得员工能够在各种明确规定的备选方案中加以选择。因此，强化理论已被广泛应用于激励和改造人的行为上。

2）强化理论对管理的启示

应用强化理论应该把握如下基本原则：

（1）因人而异，要依照强化对象的不同需要采取不同的强化措施。人们的年龄、性别、职业、文化以及兴趣爱好不同，采用的强化方式也应该有所不同。对一些人有效的强化方式，对另一些人不一定有效。因此，管理者应结合员工的实际情况和需要，采用恰当的强化方式。

（2）分步实施，要小步子前进，分阶段设立目标。在激励人进步时，强化目标的设立不仅要有效可行，而且还要将目标分成许多小的目标。对完成每一个小的目标都给予强化，不仅有利于目标的实现，而且通过不断强化还可以增强被强化者的信心。同样，对有些毛病的人也不要指望他一下完全改好，要一步一步地来，每取得一个小的进步，都给予适当的鼓励（强化），这样通过逐渐进步，这个人就会慢慢改变过去的毛病，成为组织所需要的人。

（3）及时反馈。不论一个行为的结果好与坏，都要将结果及时告诉被强化者。好的结果可以鼓舞人心，让人继续努力；坏的结果促使其分析原因，及时纠正。奖惩的时效性对强化效果的发挥影响很大，如果奖惩时间拖得太久，将导致员工遗忘奖惩的原因，使得奖惩的作用大打折扣。

（4）正负强化结合。通过正强化与负强化相结合，管理者能够运用多手段实现对员工行为的引导，从而有效控制员工行为。同时，要注意以正强化为主，负强化为辅。尽管正强化和负强化都能起到强化的作用，但人都需要在成就和希望中生活，而不是在痛苦和紧张中生活。因此，正强化可以得到更好的效果。

二、归因理论

归因是指人们对自己或他人行为的原因进行推测、判断或解释的过程。归因理论以 F. 海德为创始人，后由 B. 维纳、H. H. 凯利等学者加以发展。相较于强化理论，归因理论会对行为出现的原因进行分析，再对行为提供相应结果。

1. 归因理论的内容

1）海德归因理论

归因理论的前提在于人们会试图推断所观察到行为的原因。F. 海德提出，行为可以归为内部因素和外部因素，其中，内部因素包括一个人的能力和努力等个体本身的特点，外部因素包括任务困难程度、他人的帮助、运气等个体周围环境中的因素。如果判断个人行为的根本原因来自个体本身的特点，则称为意向归因；如果判断个人行为的根本原因来自外界力量，则称为情境归因。当个体能对自己工作成败的原因做出正确的判断并采取有效的措施，就能有所进步。

2）维纳归因理论

B. 维纳认为，对于行为成败的原因只限于内外部因素的划分过于简单，还应考虑稳定性与可控性两个因素。其中，稳定性是指原因在性质上是否稳定，可控性是指原因可否由自己控制。例如，个人的能力、性格等因素相对稳定，而努力、机会、运气等是不稳定的；努力、性格等因素可控，而机会、运气等不可控。

在稳定性维度，如果个人把成败归因于稳定因素（如能力），则对未来的结果抱有一定的预期；如果个人把成败归因于不稳定因素（如努力、机会、运气等），则不会影响其对未来成败的期望，其成败体验也不会影响未来的行为。

在因素来源维度，如果个人把成功归因于自身内在的因素（能力、努力、身心状况），则会产生积极的自我价值感，从而更积极地投入到未来的工作中；反之，如果个人把失败归因于自身内在的因素，则形成消极的自我意向，从而打消参与成就性任务的积极性。如果个人将成败归因于外在因素（如运气、外界环境等），那么行为结果就不会对其自我意向产生影响。

在可控性维度，如果个人把成功或失败归因于可控因素（如努力），则会对自己充满信心或产生沮丧感；反之，如果个人把成功或失败归因于不可控因素（如运气、机会），则会产生感激心情或产生仇视报复的情绪。

3）凯利归因理论

在海德归因理论基础上，H. H. 凯利提出三维归因理论，也称为三度理论，3 个维度包括区别性、一致性和一贯性。

区别性是指个体在不同情境下是否表现出不同行为。换言之，区别性体现了行动者是在众多情境下均表现出某种行为，还是仅仅在某特定情境下表现出某种行为。如果行动的区别性高，则观察者很可能将该行为判定为外因导致，即超出个体控制范围的因素导致；如果该行动区别性低，则观察者很可能将该行为判定为内因导致。

一致性是指对比相似情境下个体的某种行为与他人行为是否具有相同性，若相似情境下每个人都具有相同的行为，则个体的该种行为具有一致性。如果一致性高，则观察者可能将该行为归因于外部因素；如果一致性低，则观察者可能将该行为归因于内因。

一贯性是指个体在长期内表现行为的一致性。换言之，一贯性体现了行动者在任何情境和时间对同一刺激物做出反应的相似性，即行动发生的偶然性。行动的一贯性越高，观察者倾向于将其进行内部归因；反之，某行动的一贯性低，则观察者很可能将其归因为外因。

2. 对归因理论的评价

归因在管理中具有重要的现实意义，根据归因理论，员工根据其对事物的主观直觉而不仅仅是客观现实做出反应。员工在各方面的知觉与归因是否正确，影响着其潜力的发挥和组织的运作。对管理者来说，只有对员工在工作中所出现的各种问题进行正确的归因，才能最大程度地调动员工在工作中的积极性。

首先，归因须慎重。人们一旦作出了倾向性的归因，即使后来被证实是错误的，也往往不愿意轻易放弃，这是思想僵化的一种表现。因此，归因正确与否关系到一个人将来的发展，管理者在对员工的行为进行归因时一定要三思而后行。

其次，正确引导归因。一般人在解释别人的行为时，倾向于意向归因；在解释自己的行为时，倾向于情景归因。而习惯于把失败归因于外部原因的员工总是不从自身找原因，一向把失败归因于内部原因的员工容易对工作缺乏信心和积极性。因此，为提高员工的工作积极性，解决归因不一致导致的管理者与员工之间的矛盾，管理者应对员工进行正确的归因训练，使他们对自己的行为进行客观的分析和归因，改变不良的归因。

再次，充分利用情境因素。如果工作初始就非常顺利，员工往往认为这预示着今后的成功；如果初战不利，员工会认为这是不吉利的象征，锐气遭到挫伤，积极性遭受打击。因此，管理者应该善于掌握人们的这种心理特点，充分利用归因中的情境因素，加以正确的引导，使之在工作中产生良好的心理效应，唤起员工斗志，使工作获得事半功倍的效果。

最后，管理者需正确地自我归因。正确地自我归因对于管理者来说非常重要，这不仅关系到管理者的自身建设，也关系到他在职工中的威信和影响力。当管理者对自己的行为做出正确的归因，则既能看到工作中的成绩，又能看到所存在的问题，从而采取必要措施以不断改进自己的工作；反之，如果管理者只看到成绩而看不到问题，甚至把功劳归于自己，把问题推给他人，将会受到大家的排斥和抗拒，最终成为一个失败的管理者。

管理发展篇

第九章　管理创新

第一节　创新的概念及内容

一、创新的概念

《现代汉语词典》（第 7 版）对"创新"给出的解释是：抛开旧的，创造新的，对"创造"给出的解释是：想出新方法、建立新理论、做出新的成绩或东西。综合对"创新"和"创造"的解释，创新可以定义为：抛开旧的，想出新方法、建立新理论、做出新的成绩或东西。

在经济领域，经济学家约瑟夫·熊彼特（Joseph Schumpeter）于 1912 年在其《经济发展理论》一书中首次提出了创新的概念。他认为，"创新是对生产要素的重新组合"，创新的 5 种形式包括：①生产一种新产品，就是消费者还不熟悉的产品，或是已有产品的一种新用途和新特性；②采用新的生产方法，就是在有关制造部门中未曾采用的方法；③开辟新的市场，就是使产品进入以前不曾进入的市场；④获得一种原材料或半成品的新的供给来源；⑤实现一种新的组织形式。

显然，约瑟夫·熊彼特的创新概念的含义是相当广泛的，它是指各种可以提高资源配置效率的新活动。归纳起来，他所指的创新主要分为两大类，即技术创新和组织创新。在约瑟夫·熊彼特的定义中，前 4 项内容主要涉及技术创新，包括产品创新和工艺创新，第 5 项内容则指组织创新，包括组织制度创新和组织结构创新。技术创新和组织创新是两类最基本的创新形式。

二、创新的内容

创新的内容主要包括观念创新、目标创新、组织创新、技术创新、环境创新和管理创新，它相互之间既有区别又有联系。

1. 观念创新

观念是指人们由其所具有的知识及过去的实践而长时期形成的种种观点与概念的总和，属于意识形态范畴。观念创新，是指形成能够比以前更好地适应环境的变化并更有效地利用资源的新概念或新构想的活动，是以前所未有的、能充分反映并满足人们某种物质或情感需要的意念或构想，从而来创造价值的活动。进入 20 世纪 80 年代以来，许多优秀管理者和管理学家进行观念创新，提出了许多观念，如知识增值观念、知识管理观念、全球经济一体化观念、战略管理观念等，并将这些观念应用于管理实践中。

2. 目标创新

组织是在一定的外界环境中从事各种活动的，特定的环境要求组织按照特定的方式提供特定的产品。当组织所面临的环境发生了变化，那么组织的方向、目标以及在生产过程中与其他经济组织的关系就都要进行调整。组织适时地根据环境和需要的变化调整思路和策略，整合生产经营资源要素，每一次调整都是一种创新。目标创新是组织发展中的一种根本性的、决定全局的管理创新。

3. 组织创新

组织创新的最终目标是改变组织中人的行为，提高组织的工作绩效。因此，组织创新的内容也必然围绕人员的行为而展开。在实际组织创新过程中，大多从以下两个方面来考虑：一是通过对组织中非人性因素的修正来进行组织创新，这种创新方式是希望通过组织本身的改变来使组织中的人员自动地修正他们的行为；二是以人为中心的组织创新，这种方式主要是在组织结构或组织流程不变的条件下，通过组织文化的影响改变人员的态度从而改变组织中人员的行为，这种以人为中心的组织创新，强调人员可经由训练和组织发展的方式，以达到组织创新的目的。无论何种方式，组织创新的最终目标都是改变组织中人员的行为，提高组织的工作绩效。组织创新主要涉及三大领域：组织制度创新、组织机构创新和组织文化创新。

4. 技术创新

技术创新是组织创新的主要内容，组织中出现的大量创新活动是有关技术方面的。组织借助一定的生产手段加工和组合一定种类的原材料，生产出一定的产品来进行市场竞争，不论是产品本身，还是生产所用的物质设备，或是被加工的原材料以及加工这些原材料的工艺，都是以一定的技术水平为基础的。组织要在激烈的市场竞争中处于主动地位，就必须不断地进行技术创新。通过提高技术水平使组织增强自己在市场上竞争力。

5. 环境创新

环境是组织经营的土壤，同时也制约着组织的经营。组织与环境的关系：一方面组织要去适应环境；另一方面在遵循客观规律的前提下，还要主动地去引导和改造客观环境。环境创新不是指组织为适应外界变化而调整内部结构或活动，而是指通过组织积极的创新活动去改造环境，引导环境朝着有利于组织经营的方向改变。

6. 管理创新

管理创新是管理和创新的有机结合，是一种有目的的实践活动。管理创新是管理者根据内外环境的变化对管理的观念、模式、方式方法和手段进行改革或创建，创造出一种更有效的资源整合范式，以促进组织管理系统综合效率和效益目标实现的过程。管理创新的主要内容包括管理观念创新、管理组织创新、管理制度创新、管理方法方式创新、管理模式创新。管理创新贯穿于管理全过程，推动着管理向更有效地运用资源的方向前进。管理创新是技术创新等其他创新的基础，没有管理创新作为基础，其他创新很难取得应有的成效。

第二节　管理创新的特征、内容体系及过程

管理创新是一种有目的的实践活动，是管理者根据内外环境变化对管理的观念、模式、方式方法和手段进行改革或创建，创造出一种更有效的资源整合范式，以促进组织管理系统综合效率和效益目标实现的过程。

一、管理创新的特征

管理创新具有创新的一般特征，又具有本身的特点，综合起来，管理创新具有以下主要特征。

1. 风险性

任何创新活动都有不确定性，并且不确定性使创新活动都具有一定的风险性。管理创新作为组织创新活动中的一项重要内容，由于受诸多因素影响，使得管理创新的过程和结果的不确定性很强，因此也存在明显的风险性。首先，管理创新内容的复杂性。管理创新不是一个独立的创新活动，在对管理模式、方式方法和手段进行改革或创建之时，必然涉及技术创新和制度创新两大领域，从而使管理创新本身的内容变得更加复杂；其次，管理创新投入回报的不确定性。管理创新中需要大量投入，用于培训人员、制定制度、建立或调整组织机构和配备人员等，而这些投入能否在创新后得到补偿具有不确定性；最后，管理创新效果难以度量。另外，管理创新是管理者用脑力或体力的支出，通过下属的行为而产生的效果，这使管理创新效果存在间接性。管理创新产生效果有一个过程，不是立竿见影，其效果带有滞后性。管理创新效果的间接性与滞后性又使得管理创新活动具有一定的风险性。

2. 系统性

众所周知，组织是一个由人、财、物、时间、信息等要素组成的复杂系统，管理创新贯穿组织生产经营活动的整个过程，也是一个系统工程。在管理创新过程中，不仅要注意局部的管理方式、方法的创新，更要注重管理系统的局部与局部、局部与全局整体的配合与协调。通过管理创新实现组织系统的整体优化，使管理创新发挥成效。

3. 变革性

变革性是指管理创新一般会涉及组织内权益关系的调整，因此，许多管理创新，尤其是程度大的管理创新实质上就是一场变革。从管理史上较为著名的管理创新来看，它们都具有变革性。比如，泰勒科学管理原理的应用需要劳资双方进行精神革命，协调利益关系；梅奥人际关系论的应用也需要组织管理者改变管理方式，尊重员工。

4. 动态性

现代组织是一个不断与外界环境进行物质、能量、信息交换的动态开放系统。这种有输入和输出的管理系统是动态的，管理的创新活动也必然是动态的。从管理创新的定义中已知，管理创新是一个依据内外环境变化的具有能动性的动态的创新过程，正是管理系统的内外环境变化使得管理创新只能在这种变化中进行。因此，动态性是管理创新的一个重要特征。

二、管理创新的内容体系

根据管理创新的一般规律和特点，管理创新总是首先起源于管理观念的变革，然后才会引起一系列的管理内容的创新。在管理创新的内容上，尽管每个管理环节都存在创新的机会，但一般来说，比较重要且易于取得创新成效的管理创新领域主要有管理观念创新、管理组织创新、管理方式方法创新及管理模式创新等。

1. 管理观念创新

管理创新的发展史表明，管理创新常常源于某种创意和灵感，要想获得管理创新的创意和灵感，首先应进行管理观念的变革。因为"观念是行为的先导，它驱动、支配并制约着行为"。管理目标、管理组织、管理方式方法和管理模式创新都会受到观念的支配和制约，观念不创新，其他任何创新都是不可实现的，因此说观念创新是各种创新的灵魂，是管理创新的先导。

管理观念是指管理者或管理组织在一定的哲学思想支配下，由现实条件决定的经营管理的感性知识和理性知识构成的综合体。一定的管理观念必定受到一定社会的政治、经济、文化的影响，是组织战略目标的导向、价值原则，同时管理的观念又必定折射在管理的各项活动中。而管理观念创新是指形成能够比以前更好地适应环境的变化且更有效地整合资源的新思想、新概念或新构想的创新活动。对组织管理而言，管理观念的创新包括以下几种情况：提出一种新的经营方针及经营战略；产生一种新的管理思路并把它付诸实施；采用一种新的经营管理策略；提出一种新的经营管理理念等。

2. 管理组织创新

管理组织创新包括以下几种情况：采用一种新的组织结构形式；采用一种新的组织沟通网络；采用一种新的职责权限划分方法；设计一种新的管理制度并有效实施；提出一种新的组织学习的有效形式等。

3. 管理方式方法创新

管理方式可以解释为管理方法和管理形式的结合。它是组织资源整合过程中所使用的工具，管理方式方法是否有效将直接影响组织资源的有效配置。管理方式方法创新既可以是单一性的创新，如库存管理法、设备目视管理法、网络计划技术、ABC 管理法、5S 管理、物料需求计划（MRP）等；也可以是综合性的管理方式方法的创新，如制造资源计划（MRPⅡ）、全面质量管理（TQC）、标准化生产方式（JIT）、计算机集成制造系统（CIMS）、企业资源计划（ERP）等。概括起来管理方式方法的创新主要包括以下几种情况：采用一种新的管理手段；实行一种新的管理方式；提出一种新的资源利用措施；采用一种更有效的业务流程；创设一种新的工作方式等。

4. 管理模式创新

管理模式创新就是创立一种新的管理模式。管理模式是创新的结果，同时也是进一步进行管理创新的条件。一般来说，管理模式创新具体包括以下几个方面：组织管理的综合性模式创新；组织某一管理领域中的综合性模式创新；管理方式、方法和管理手段的综合性模式创新。无论哪一种管理模式，都必须是观念、制度和管理方式方法有机结合的整体，具有综合性、可操作性和示范性。

三、管理创新的过程

一般而言，管理创新过程主要包含以下几个阶段：①分析组织管理创新的需求；②确定管理创新的目标和任务；③设计新的管理模式；④实施新的管理模式；⑤评估新的管理模式的实施效果。需要强调的是，由于管理创新是一项非常复杂的任务，往往很难一次就能完成任务和实现预定的目标，需要进行多次的反馈和优化调整，不断修改完善管理创新的目标、模式和实施，直到满足管理创新的需求为止。

1. 分析管理创新的需求

任何组织的任何管理创新，都不会是无缘无故产生的，都有一定的原因。理清管理创新的动因，确定管理创新的需求，是推进管理创新的基础和前提。一般而言，管理创新需求的产生，可能来自 3 个方面：①组织面临的发展环境，如环境、法律和政策环境等发生了显著的变化，迫使组织进行技术创新；②组织的发展战略需要进行调整，引发的管理创新；③现有的管理模式不能满足要求，带动的管理创新。

2. 确定管理创新的目标和任务

一般情况下，管理创新的需求是非常旺盛和多样的，在一定的时期内，并不是任何一项管理创新需求都能得到满足，管理创新需要循序渐进和稳步推进。为此，需要综合考虑多方面的因素确定未来一段时间管理创新的目标和任务。

确定未来一段时间内管理创新的目标和任务，首先需要充分考虑管理创新的动因和需求，明确各项管理创新需求的轻重缓急，从需求出发确定管理创新的重点。

其次，由于管理创新具有很强的路径依赖性，必须充分考虑管理的现状及管理创新的条件、已积累的经验和承受能力。管理创新上的故步自封可能会延误组织的发展，管理创新的操之过急也可能直接葬送组织的良好发展前景。

最后，组织确定管理创新的目标和任务时，还要考虑能够运用的科学管理理论、方法和技术，如果管理创新完成没有先进的理论、方法和技术的支撑，其创新的目标很可能很难实现，管理创新的任务可能很难完成。确定管理创新的目标和任务：一方面需要明确其管理创新的对象和主要内容；另一方面需要确定管理创新过程中需要创新性地运用哪些方法和技术。

3. 设计新的管理模式

明确了管理创新的目标和任务后，需要设计新的管理模式。设计新的管理流程，就是根据管理创新的目标和任务，研究新的管理职责分工、岗位设置和管理流程，构建与新的管理流程相对应的管理组织结构，设计相应的运行机制，确保管理目标的实现和管理任务的完成。

针对不同的管理创新任务，新的管理模式的设计理念，可以采用不同的思路和做法。一般而言，新的管理模式的设计思路主要有两种：一种是系统化的改造法，即在辨析理解现有的管理模式的基础上，根据管理目标和管理任务，通过在现有管理模式基础上的系统化改进形成新的管理模式；另一种是全新的设计法，从根本上重新考虑实现管理目标和完成管理任务对管理模式的要求，零起点设计新的管理模式。

4. 实施新的管理模式

设计产生新的管理模式后，接着就是要把新的管理模式加以实施。具体而言，就是要进行相应人员的调配，围绕新的岗位职责、管理流程和新的组织管理架构，保障职能的履行和管理任务的完成。由于实施新的管理模式和推进管理创新，往往会直接影响一部分人的权利和责任，或是一部分人员的切身利益，会直接给新的管理模式的实施和管理创新带来阻力。这样，即使设计出了很好的新的管理模式，如果不精心和有效组织新的管理模式的实施，也可能会使新的管理模式不能得到有效实施，或者使新的管理模式在实施中变样，不能产生预期的效果。

为保障新的管理模式的有效实施，在推动新的管理模式实施之前，一定要对管理创新的重大意义进行广泛的宣传，对实施新的管理模式的必要性和紧迫性进行深入的分析和说明，尽可能争取新的管理模式实施的各利益相关方的大力支持。同时，对新的管理模式实施可能受到负面影响的相关人员，必须注意做出合理的安排和进行必要的利益补偿，尽可能减少新的管理模式的实施面临的阻力。

5. 评估新的管理模式的实施效果

新的管理模式实施后，还需要对其实施效果及时进行评价，分析新的模式的实施实现管理创新目标和完成管理创新任务的程度，特别重要的是要评估新的管理模式的实施对工作效率、经济效益和核心竞争力产生的影响。在此基础上，根据评估结果，调整和优化管理创新的目标、新的管理模式及其实施方式，不断提升新的管理模式的运用成效，更好地发挥新的管理模式的作用，最终形成适应组织实际特点、比较好地满足管理创新需求的新的管理模式。

第三节 工作流程再造

一、组织流程的概念与类型

1. 组织流程的概念

《牛津英语大词典》将流程定义为：为实现特定目标而采取的一系列活动或步骤。可见，活动是流程的组成单元，为同一个明确目标而形成某种特殊关联的多个活动的有序组合就形成了流程。

对组织而言，组织都有自身的目标和任务，组织目标的实现与任务的完成需要成员的逐步工作才能最终完成，这种各类工作活动间的顺序、工作活动的路径就是组织的工作流程。

组织流程是指完成一项任务、一件事或一项活动的全过程，这一全过程由一系列工作环节或步骤所组成，相互之间有先后顺序，有一定的指向。例如，一个产品销售流程：销售人员向客户介绍产品特性，客户对产品作出判断，是否需要购买。如果需要购买，销售流程将继续进行：销售人员与客户进行商务谈判，商定产品的价格、运输方法、付款条件与方式以及其他有关协议，一旦双方确定合同并签字，就开始合同的执行流程。

每个工作环节均有指向，相互之间有一定的先后顺序，这种先后顺序反映了这一工作或活动完成的内在逻辑。所有的工作环节衔接起来便构成了一个完整的工作流程。

2. 组织流程的分类

组织内成千上万的活动，由于连接方式的不同，同时不同的组织完成活动的方式的多样性以及面对的活动主体也有所不同，使得组织的流程呈现出多种多样的形式。为了便于分析，我们对其进行分类。根据不同的分类标准，组织流程可分为以下几类：

1）实物流程、商流流程和信息流程

按流程的处理对象分类，分为实物流程、商流流程和信息流程。

2）岗位间流程、部门间流程和组织间流程

按流程跨越组织的范围，分为岗位间流程、部门间流程和组织间流程。

3）运作流程和管理流程

按活动的性质分类，分为运作流程和管理流程。运作流程是组织业务活动按照一定的业务规则运行形成的流程，这就是通常所说的业务流程。管理流程是组织运作过程中各层次管理人员进行管理工作时所从事活动的时间序列。

运作流程是组织业务运作的基本工作，管理流程是为运作流程服务的，两者应该具有动态适应性，是协调一致的。管理流程的存在是为了使组织的运作流程更加优化、畅通无阻，省时便捷。管理流程常常渗透到运作流程中以规范各种人流、物流、资金流和信息流的运输数量和速度，因而会对运作流程产生重大的影响。

4）战略流程、经营流程和保障流程

按流程在组织结构中的不同层次，分为战略流程、经营流程和保障流程。战略流程，通过战略流程组织规划和开拓未来，包括战略规划、产品或服务研发、新流程设计实施等。经营流程是实现组织日常功能的流程，如原材料供应、加工、成品储运、市场营销、销售、售前/售后服务、技术支持、收付款等基本流程。生产作业流程、营销流程和资金核算流程是经营的三个流程。保障流程是为战略流程和经营流程顺利实施提供的保障的流程，例如，质量管理、风险管理等。

二、组织流程的构造

组织基本流程的构造是指组织总的基本流程之间的比例关系与结构，如果深入基本流程内部的话，则应了解流程基本构成要素和影响流程构成的因素。

1. 流程的基本构成要素

组织工作流程是指完成一项任务、一个事件或一项活动的全过程，因此，它的构成因素离不开工作本身和工作各环节的先后次序和各环节间的转换关系。

1）工作

流程是为了完成一项任务的全过程，为了完成这项任务，需要执行者按照先后顺序做一系列的工作，这些具体工作或步骤组成了组织的工作流程。一个流程中究竟含有多少具体工作内容及要求，往往由这个流程所要完成的任务或事件的特性所决定，即任务的特性决定每个流程中具体工作的内容及要求。

2）逻辑关系

逻辑关系是指流程中具体工作步骤之间客观存在的先后顺序的关系。正是这种先后的逻辑关系构成了流程本身。但现实中一个流程的逻辑关系不是唯一的，因为完成任务的途径或路线不是唯一的，而是可选择的。正是这种可选择性，使得工作流程可改造、可变动，也使人们探求最满意、最高效的工作流程成为可能。

3）转换时间

任何的流程从上一个工作环节到下一个工作环节的转换也会受到时间、空间、各种物理条件和社会条件的限制。转换关系是对这些限制的描述。一个令人满意的流程，既需要确定合理的基本工作单位，也需要基本工作单位之间很快地衔接，以便节约转换过程中的时间、物资等。

2. 影响组织流程构成的因素

在组织流程中，无论是流程的工作步骤划分，还是工作之间的逻辑关系与转换关系的确定都受到各种因素的影响，这些因素不仅会影响流程的构成，还将影响流程的基本运行。

1）组织的文化

组织文化特别是组织的价值观念会导致工作环节和工作步骤间明显的差异，进而可能产生不同的效率。尽管流程完成的目的一样、任务一样，但流程内包含的工作环节与工作步骤的设定完全不同。

2）工艺技术特征

工艺技术特征对于组织流程的影响在于它决定了组织工作流程中物质、能量和信息传递的内容。不同的工艺和技术要求不同的设备、不同的人员素质、不同的原材料的投入。因此，工艺技术决定工作环节的差异和逻辑关系与转换关系的差异，每一次技术与工艺的变革都无一例外地引发工作流程的变化。

3）管理风格

管理的风格是由管理者的特质、组织结构和组织战略特性所决定的，管理的风格与工作流程有着密切关系。管理风格既影响工作环节的设置，也影响逻辑关系的选择和转换关系的安排。

三、流程再造的基本思想

1. 流程再造理论兴起的原因

进入 20 世纪 80 年代以来，尤其到了 90 年代，信息技术革命使企业的经营环境和运作方式发生了巨大的变化，从而使企业面临着巨大的挑战，这些挑战主要来自 3 个方面：顾客（customer）、竞争（competition）和变化（change）。由于这 3 个词的英语单词都以字母 C 开头，所以又称为"3C"。

首先，来自顾客的挑战。20 世纪 80 年代以来，由于生产技术的不断发展，劳动生产率不断提高，产品的大量生产已使市场逐渐饱和，大部分的产品市场都成为买方市场。买卖双方关系中的主导权转到了顾客一方。顾客随着生活水平的不断提高，对各种产品和服务也有了更高的要求。

其次，来自竞争的挑战。市场上历来有竞争，而且竞争的手段无非是价格手段和非价格手段（如品种、质量、功能等）两大类。20 世纪 80 年代以后，市场上的竞争呈现出新的特点，竞争范围空前扩大、竞争手段越来越多、竞争结果空前残酷。

最后，来自变化的挑战。计算机技术和通信技术的发展，新产品的开发周期不断缩短，产品的生命周期也不断缩短，市场变得越来越变幻莫测。组织本身在变化，组织的发展环境在变化，顾客与竞争在变化，即一切都在变化。组织唯有以变化适应变化才可能发展成功。但变化更难预测更难把握，更何况，在消费者自己都不清楚未来的需求是什么的时候，厂商们甚至有点对变化的迅速不知所措。

正是在这样的条件和状态下，进入 20 世纪 90 年代以后的现代组织需要以变制变，在新的组织运行空间条件下，更适应未来的生存发展空间。那怎么变呢？1993年，迈克尔·哈默和詹姆斯·钱皮出版了《再造企业——工商管理革命宣言》一书。钱皮与哈默博士认为就是改造企业或流程再造。何谓流程再造呢？流程再造就是对企业原有的工作流程进行全面的再造，以适应企业外部环境的变化，适应顾客的变化，谋求企业生产运作、管理有更高的效率，节约更多的成本，使产品或服务更能取得顾客的认可和满意。

2. 流程再造的基本准则

流程再造的基本准则是指再造流程的出发点和起点。组织流程再造的基本准则有以下几个方面。

1）组织流程的再造要为组织战略目标的实现作出贡献

流程作为组织内的工作过程，首先要服从组织的战略目标，换句话说，流程的再造要为组织战略目标的实现作出贡献。因此，流程再造的基本准则之一就是以组织战略目标为总目标，将其分解的分目标或阶段目标等作为流程应承担的目标，进而考虑流程应如何设置，如何改造，以便更有效地完成这一目标，从而为战略目标的实现作出贡献。

2）组织工作流程再造的根本目标是建立顾客满意的工作流程

顾客需求是企业一切活动的目标和中心，既然顾客对企业如此重要，那么企业的工作流程应在重新设置、重新改造时以顾客的满意为出发点。流程以顾客的满意为出发点，有的人可能认为最多是销售、服务、生产等流程应该如此，因为它们直接与顾客相关。这是对的，但以顾客为出发点、以顾客满意为出发点，还包含了一层意思：即一个流程中前后工作环节、工作单位或工作步骤之间的关系，都可以看作是一个"厂商与顾客"的关系，即"供给与需求"的关系。如果大家都能使各自的"顾客"满意了，流程的工作效率也就会大大提高。

3）技术条件状态决定了流程的路径

流程与技术工艺相关，从某种意义上说技术工艺状态决定了流程的路径、工作环节和步骤的划分等。哈默与钱皮博士曾特别强调了信息对流程改造的意义，信息技术介入企业后，会导致巨大的变化，正是如此，流程必须改造。那么是不是可以说，信息技术的发展进步是流程改造的出发点呢？应该说这可以是一个出发点，但对一般企业而言这一出发点过高了一点。从现实出发，流程改造的确需要许多技术支撑，但并不仅仅是信息技术，而且当信息技术尚未普及之时，流程改造仍然可以进行，不过是依赖其他技术条件而已。因此，从这个意义上说，现有的可掌握的技术条件就可以成为流程改造的出发点，即有什么条件支撑就进行什么程度的改造。

四、流程再造的原则及实施步骤

1. 流程再造的核心原则

组织业务流程再造的核心原则是指导变革方向的根本性原则，流程再造的核心原则主要包括以下3个方面。

1）以流程为核心

组织再造不同于以往的任何组织变革。再造不仅是机构调整，不仅是减员增效，甚至也不是单纯地重新设计建造组织流程。流程再造具有彻底性和革命性，组织再造的最终目标是将组织由过去的职能导向型转变为流程导向型。

在组织业务再造过程中，应根据发展思路对机构进行战略性调整，把原来的职能管理资源进行整合，将专业化的流程体系连接起来，以客户需求为中心对流程进行梳理。在一个以流程为中心的组织中，组织的基本组成单位是不同的流程，每个流程都由专门的流程主持人负责控制，各类专业人员组成的团队负责实施，流程本身变得更加紧凑，工作之间不再有过去那种冲突和拖延。

2）坚持以人为本的团队式管理

坚持以人为本的团队式管理，是由组织所担负的任务所决定的。传统组织所面临的是相对静止的市场环境决定了细致分工的任务型管理是高效率的，传统组织中除了领导人以外，其他人思考出发点是如何完成本职工作，衡量一个职员称职与否的标准也是他工作是否努力、是否能完成本职的工作。在这样的组织里每个人都不关心自己工作所属流程的进展，一个工人就是每天按照交给他的生产任务加工规定数量的零件，至于仓库里这种零件已经堆积如山那就不是他关心的事了，而一个产品开发工程师只需要关注他的图纸，至于顾客会有什么反应、市场前景如何，那是别人的事情。而在激烈变动和竞争中挣扎的现代组织，必须以流程为中心，在以流程为中心的组织里，每个人都关心整个流程的运转情况。

3）以顾客为导向

以顾客为导向，是组织再造的一大特征。以顾客为导向，意味着组织在判断流程的绩效时，是站在顾客的角度考虑问题。组织存在的理由是为顾客提供价值，而价值是由流程所创造的。因此，流程再造强调以顾客的需求来决定公司业务的内容，对流程以彻底更新，流程的设计和实施都必须以顾客的标准为标准，这样才能保证组织流程再造的成功。

2. 流程再造的实施步骤

流程再造具体怎么进行呢？作为一种探索，流程再造可能应从如下思路着手。有的研究者给出了一些类似的 7 个阶段 31 个子步骤的流程再造的实施步骤。

（1）设定基本方向。分为 5 个子步骤：明确组织战略目标，将目标分解；成立再造流程的组织机构；设定改造流程的出发点；确定流程再造的基本方针；给出流程再造的可行性分析。

（2）现状分析并确认改造目标。分为 5 个子步骤：组织外部环境分析；顾客满意度调查；现行流程状态分析；改造的基本设想与目标；给出改造成功的判别标准。

（3）确定再造方案。分为 6 个子步骤：流程设计创意；流程设计方案；确定改造的基本路径；设定先后工作顺序和重点；宣传流程再造；人员配备。

（4）制订解决问题计划。分为 3 个子步骤：挑选出近期应该解决的问题；制订解决此问题的计划；成立一个小组负责实施。

（5）制订详细再造工作计划。分为 5 个子步骤：工作计划目标、时间等确认；预算计划；责任、任务分解；监督与考核办法；具体的行动策略与计划。

（6）实施再造流程方案。分为 5 个子步骤：成立实施小组；对参加人员进行培训；发动全员配合；新流程试验性启动、检验；全面启用新流程。

（7）继续改善的行为。分为 3 个子步骤：观察流程运作状态；与预定改造目标比较分析；对不足之处进行修正改善。

第十章　知识管理

第一节　知识与知识类型

一、知识

这里的"知识"包括了人类发明和发现的所有的知识，其中主要是科学技术、管理和行为科学的知识。它是迄今为止人类通过思索、研究和实践所获得的对世界（包括物质世界和精神世界）认识的总和。托马斯·达文波特（Thomas Davenport）给出知识的定义为：知识是一种包含了结构化的经验、价值观、关联信息以及专家的见解等要素流动态的混合物。它起源于认识者的思想，并对认识者的思想起作用。在组织内，知识不仅存在于文档和数据库中，而且嵌入在组织的日常工作、过程、实践和规范中。

二、信息、数据与知识

在理解知识的时候，一个不可回避的问题就是如何区分数据、信息以及知识，了解这三者之间的关系，对正确有效地实施知识管理十分关键。

数据是指对客观事件进行记录并可以鉴别的符号，是对客观事物的性质、状态以及相互关系等进行记载的物理符号或这些物理符号的组合。它是可识别的、抽象的符号。数据可以是连续的值，比如声音、图像，称为模拟数据；也可以是离散的，如符号、文字，称为数字数据。这里应该说明的是数据不仅包含数字（这可以说是人们日常生活中所理解的数据含义，我们可以把它叫作狭义数据），而且还包括词语、声音、图像，因为在信息工具中它们都要转化为二进制数字，因此属于广义数据。

信息是反映现实世界的运动、发展和变化状态及规律的信号与消息。信息有客观信息与人工信息（或称智力信息）两大类。客观信息是自然、社会、人类等天然产生的信息，是潜在的有待开发的取之不尽的信息资源，如天然信息（风、雨、雷、闪电、磁场、光波)、社会信息(物质、能量的状态与变化)和人类信息(人的自然形态)等。人工信息是人们可直接利用、交流的信息,是信号、消息、数据、符号、语言、文字、数字、音像、图表等载体信息的总称。客观信息不能直接利用,只有开发成人工信息,才能被人们利用。人类自古以来,就不断通过感官摄取客观信息,后来就开发出一些检测设备(小到温度计,大到卫星遥感设备)来帮助摄取。摄取到的客观信息经过加工,成为人工信息。

我们在研究知识管理时所涉及的信息,是人工信息。对数据来说,信息则是以有意义的形式加以排列和处理的数据,是有目的、有意义、有用途的数据(其实数据也是经过人工处理的,只是未从意义上加以处理)。人们获得信息后,是会形成或者改变他对事物的感受的。例如,音符或它的发声是数据,而有序排列变成一定的韵律、节奏和声调,就成了音乐信息。

知识是对信息进行深加工,经过逻辑或非逻辑思维,认识事物的本质而形成的经验与理论。人们获得知识,会形成或改变他对事物的认识,这要比仅仅获得信息更加深刻。

三、知识类型

1. 按照领域来划分

知识可分为自然知识、社会知识、思维知识以及工程知识。

2. 按照联合国经济合作与发展组织(OECD)1997 年报告的分类法来划分

为了有利于经济分析,通常把知识分为以下 4 类:

(1)"知道是什么"的知识(know-what);

(2)"知道为什么"的知识(know-why);

(3)"知道怎样做"的知识(know-how);

(4)"知道是谁"的知识(know-who)。

"知道是什么"的知识指的是关于历史事实、经验总结、统计数据的知识,例如,我国何处有煤炭资源、我国古代四大发明有哪些等,都是这类知识的例子。这类知识与通常所说的信息很难区分。有些复杂领域的专家如律师和医生以及在专业的咨询机构中工作的专家,就必须掌握大量这种知识,才能完成他们的工作。

"知道为什么"的知识指的是那些自然、社会和人的思维运动的法则和规律的科学知识。对某些领域的技术开发而言,这些知识和经济活动的联系并不是直接的,但在多数产业中,需要它支持技术的发展和产品与工艺的进步。这类知识的产生和传播通常是在像大学、研究院所这样的专业组织内进行的。组织必须与这些产生和传播知识的组织发生联系或者与它们直接合作，或者通过招收经过相关知识科学训练的人才才能得到这类知识。

"知道怎样做"的知识是关于技能与诀窍方面的知识。指的是做某件事情的能力。它与生产相关，但也与经济领域中像经营管理等其他很多活动相关。产品经理要判断某种产品的市场前景，或是人事经理选拔工作人员，都要使用他们所具备的这类知识（能力），熟练工人操作复杂的机器也是如此。应该提到的是，不仅从事实践工作的人需要这类知识，科学家也需要这类知识。"知道是谁"的知识包括关于"谁知道什么"以及"谁知道怎样做"的信息。特别是它还包括与有关专家形成特殊的社会关系，以便有可能获得并有效利用这些专家的知识。

3. 按照抽象程度划分

知识又可分为经验知识和理论知识两大类。

经验知识是人们在长期的劳动和生活中通过感官体验获得的有使用价值的知识，包括各种手工技艺、服务经验、生活经验、人际交往经验等。经验是人类在生产和生活中反复实践、逐渐感知和总结事物的形态与活动的技巧而获得的，大部分不是一学就会的，需要反复地慢慢体验。

在经验知识的层次上，人们只是知其然，而不知其所以然，也就是说，经验知识属于前面所提到的"知道是什么"的知识和"知道怎样做"的知识，当然也还有"知道是谁"的知识。要想知其所以然，就需要把实践获得的感性材料通过归纳、整理、抽象而形成概念与公理，作为进一步进行逻辑演绎的基础。实践经验是一切科学和艺术的真正源泉。随着实践活动在广度和深度上的不断扩大，人们的经验日益增长，眼界日益开阔，经验知识转化为理论的过程日益加速，但经验知识始终是理论知识的源头。

理论知识是实践获得的感性材料通过归纳、整理、抽象而形成概念与公理，再进一步进行逻辑演绎而形成的假说和原理。它不是由人的感官直接获得的，而是通过人的大脑对客观现象的间接反映，寻找对这些现象的解释而获得的知识。这些知识借助于语言文字，流传后世，使后来的人不必重复进行同样的反复实践和思维劳动而可以间接获得，这是和经验知识必须亲自重复实践才能获得有差别的地方。正是理论知识具备可以间接学习这一优点，使得理论知识的积累日益增加，成为人类获取知识的主流形式。

经验知识可以通过理性思维转化为理论知识，而理论知识应用于实践还得通过实践的检验和修正。在实际生活中，理论知识的应用经常伴随着经验知识，在复杂的人类实践和认识过程中，两者的界限常常是无法绝对划清的。

另外一个难以划分的是人的常识。常识的来源包括：①人们无数次实践所获得的经验和直觉；②被绝大多数人认可并世代相传的经过实践验证过的科学知识。从总体上来说，常识兼有两类知识，而具体到某一类常识，则可能只是经验知识或者只是科学知识。

4. 按照认知与表达的程度划分

知识可分为隐性知识和显性知识。

1966 年，Polanyi 提出隐性知识和显性知识的概念。

（1）显性知识：通过文字记录和传播的知识。显性知识能够以语言、视觉、模型以及其他表述方式加以组织，并能够与他人交流。

（2）隐性知识：难以用文字记录和传播。隐性知识是个人固有的、个性化的、难以与他人交流的知识，主要有以下几种类型：①技术要素，包括技术诀窍、技能和能力；②认知要素，包括分析问题、判断力、前瞻性；③经验要素，包括经验和阅历；④情感要素，包括直觉、偏好、情绪；⑤信仰要素，包括价值观、人生观、目标倾向。

四、知识内容和知识能力

1. 知识内容

知识内容是指人们通常理解的知识。一个人所拥有的不同的知识内容，构成了一定的体系，形成别具特色的知识结构。

2. 知识能力

知识能力是指获取、创造、传播、运用和管理知识的能力。

知识内容与相应的知识结构，是知识能力的基础。一个人必须具有一定的知识内容和知识结构，才能理解、掌握和运用新知识。例如，天气预报工作是由气象学家、数学家、卫星数据专家及其他专家共同完成的。在欧洲，只是将这些不同学科专家的工作，简单地通过信息管理者组合起来。在美国，则让人们在不同部门轮流工作。一个气象学博士在研究了几年数学模型之后，就会对数学家的假设有了更深刻的理解，并能及时发现他们在什么时候远离了现实。这样做的结果是，美国发布的天气预报比欧洲要精确可信。再如，从事电子商务工作，仅懂计算机知识根本不行，你还需要懂得经济学、管理学知识，甚至还需要与科学家、诗人、哲学家进行交流。这样，你才能把握网络经济的发展趋势，才能获得灵感和启示，才能对未来有着很强的洞察力。

除了知识内容和知识结构之外，一个人还必须拥有一定的知识能力，即获取、创造、传播、运用和管理知识的能力。对每个人而言知识内容并不重要，知识能力才是关键。对此，爱因斯坦曾经有过精辟的论述："我相信直觉和灵感""想象力比知识更重要，因为知识是有限的，而想象力囊括着世界上的一切，推动着知识的进步，是知识进化的源泉。严格地说，想象力是科学研究中的实在因素。"

第二节　知识管理的概念与原则

一、知识管理的概念

不同领域、不同角色对知识管理强调的侧重点各有不同，概念内涵也自然有所差异。其中比较有代表的定义有：

（1）知识管理是通过知识共享，运用集体的智慧提高应变能力和创新能力。

（2）知识管理是对知识进行管理和运用知识进行管理的学问。

（3）知识管理是关于有效利用公司的知识资本创造商业机会和技术创新的过程。

（4）知识管理是为组织进行显性知识和隐性知识共享寻找新的途径。……知识型组织能够迅速对外部需求做出反应，精明地运作内部资源，预测外部市场的发展方向和变化。

美国生产和质量委员会（APQC）给出的"知识管理"的定义为："知识管理应该是组织有意识采取的一种战略，它保证能够在最合适的时间将最必需的知识传送给最需要的人。这样可以帮助人们共享信息，进而将通过不同的方式付诸实践，最终达到提高组织业绩的目的。"

这些定义中存在着一些共同点，即都强调了以知识为核心和充分发挥知识的作用。简单说，知识管理就是以知识为核心的管理，它是通过确认和有效利用已有的和获取的知识，并通过对各种知识的连续性管理，提高组织的创新能力和创造价值的能力，以满足组织现有和未来开拓市场机会的需要的一种过程。

知识管理的出发点是把知识看作最重要的资源，把最大限度地获取和利用知识作为提高组织竞争力的关键。因此，开展和加强知识管理，有利于组织有效地开发其知识资源，使知识资源在深度和广度上不断地得到扩展；有利于组织有效地利用其知识资源促进和强化组织的创新能力以适应经济的不断变化；有利于组织促使其知识资源与其他资源更好地结合从而提高组织创造价值的能力。知识管理的主要任务是要对组织的知识资源进行全面和充分的开发以及有效的利用，这也是知识管理区别于其他管理的一个主要方面。

二、知识管理的原则

1. 积累原则

无论对于组织或个人，知识积累都是实施知识管理的基础。对于一个组织，自它成立的第一天起，就会有很多的信息和知识产生。如果没有积累，这些信息和知识就会随着某项具体工作的结束而消失，或者随着员工的离去而流失。正是这些信息和知识一点一滴汇聚，才构成了组织的财富，形成了组织的文化、组织价值和组织核心竞争力。因此，组织一定要注意信息和知识的积累，这是组织进行知识管理的首要条件。由知识积累而形成的知识库、信息库是组织知识管理的主要对象之一。

2. 共享原则

知识共享，是指一个组织内部的信息和知识要尽可能公开，使每一个员工都能接触和使用组织的知识和信息。

知识共享可以使每一个新项目的运行都能建立在全组织的经验和知识的基础之上。相反，隐藏自己的知识并疑惑地看待来自他人的知识，是大多数人的天性，这样不利于知识的充分利用。

3. 交流原则

如果组织的知识有积累，能共享，但是没有交流，那么仍然不能算作有效的知识管理。知识管理的核心就是要在组织内部建立一个有利于交流的组织结构和文化氛围，使员工之间的交流畅通无阻。这样才能最大限度地使信息和知识在交流过程中得到融合和升华。

知识积累是实施知识管理的基础；知识共享是使组织的每个成员都能接触和使用组织的知识和信息；知识交流则是使知识体现其价值的关键环节，它在知识管理的三原则中处于最高层次。只有在交流过程中，员工才能更好地完成知识的学习、利用与创新，而创新正是知识管理的最高要求。组织应鼓励员工在交流中了解他人的知识，通过解决实际问题，使员工产生学习和创造新知识的冲动。这种在交流中培养起来的组织创新能力，将使组织具备顽强的生命力，在激烈的竞争中真正立于不败之地。

第三节　知识管理的内容与过程

一、知识管理的内容

知识管理的内容十分丰富，从不同角度上有不同的划分。

1. 从知识管理要素的角度

知识管理研究的基本框架中，应包括以下几个要素，也就是"5W1H"，它们分别指知识管理研究的原因（why）、主体（who）、客体（或称对象）（what）、地点（where）、时间（when）以及实务（How）。要进行知识管理的研究，也可以依据5W1H 的框架进行。

首先是实施知识管理的原因（why）。信息经济时代的一大问题是信息过载，而知识经济时代最大的问题却是知识匮乏。组织中的大量知识以个体知识或知识孤岛的形式存在，资源浪费严重；同时，组织规模越大，控制和整合知识资源的难度也就越大。因此，进行知识管理的研究，在知识经济的时代大背景下是势在必行的。

实施知识管理的主体（who）是知识型员工。他们是追求自主性、个性化、多样化和创新精神的员工群体，因而需要有针对性的人力资源管理方法。

在知识管理理论形成的初期，其管理对象（what）只包括知识本身的共享和转移这些小的范围。随着人们对于知识生命周期的研究，知识管理理论取得一些新的突破，其研究范围也逐渐扩大到包括信息、知识、知识资产等的创造、维护、发现、获取、过滤、转化和利用全过程。

知识管理既包括组织内部知识资源的整合与开发，也包括外部知识的获取与挖掘，这里涉及知识管理的地点（where）要素。要根据知识源的不同采取不同的管理手段。

知识本身是有一定时效性的，因此，知识管理工作也带有时效性，要在恰当的时间（when）将知识资源及时发掘出来，并进行知识资产的管理，否则会造成知识资源的流失。

至于知识管理实务（How），即是前述组织知识管理的解决方案，既有知识管理的制度体系，也有信息技术为平台的知识共享工具等内容。

通过以上的研究，将组织知识管理概括为如下 10 大方面的内容：

（1）知识创新管理；

（2）知识共享管理；

（3）知识应用管理；

（4）学习型组织；

（5）知识资产管理；

（6）知识管理的激励系统；

（7）知识管理的技术与工具；

（8）知识产品的定价与版本；

（9）知识员工的管理；

（10）学习与创新训练。

组织知识管理水平，可以用知识创新率、知识传播率、知识应用率三维坐标来衡量，其中每个坐标又可以分为若干个小指标。显然，上述10个内容中的前3个主题是组织知识能力的表现。

第一个主题是知识创新管理，包括知识创新的模式、条件、环境等内容，其中很重要的一点是显性知识、隐性知识转换引致的创新研究。

第二个主题是知识共享管理，研究如何通过知识转移缩小知识差距。我们认为，"知识转移"比"知识共享"这个词更富有经济管理含义。"知识共享"很容易给人们一种免费的感觉，而"知识转移"则有一种知识的让渡在里面，知识的让渡意味着价值的让渡，也就意味着让渡方应该得到受让方的回报。

第三个主题是知识应用管理，主要包括组织如何采取一整套的知识管理解决方案去实施知识管理项目，如何实现组织的变革管理，等等。

第四、五、六个主题，都是从行为科学的角度去讨论知识管理在组织中的应用。第四个主题是学习型组织，是从组织文化的角度，讨论组织如何通过"五项修炼"来使组织保持一种不断学习的状态。当然，学习不是目的，创新才是目的。第五个主题是知识资产管理，即怎么从财务的角度，管理客户关系资产、人力资本资产、结构资产、知识产权资本，以及上述资产之间如何协调发展。第六个主题是从人力资源的角度，考虑怎么设计一套绩效考评体系和激励制度来构建知识管理的激励系统。比如，如果是以每个项目年终的业绩来考核，那么各个不同的项目之间拥有的知识就不愿意互相分享。如果分享了，就有可能造成别的团队比自己的团队业绩好。所以在考核体系中也应该有考核一个团队和其他团队分享知识多少的指标。

第七个主题是从信息技术的角度，来探讨知识管理的技术或工具，比如知识地图或知识导航系统就是很好的工具。知识地图是一种帮助用户知道在什么地方能够找到的知识管理工具。组织知识地图将组织各种资源的入口集合起来，以统一的方式将组织的知识资源介绍给用户。知识地图采用一种智能化的向导代理，通过分析用户的行为模式，智能化地引导检索者找到目标信息。

第八、九、十个主题，分别从单项管理的角度去讨论知识管理在组织中的应用。第八个主题是关于知识产品的问题，主要考虑知识产品的定价和版本问题。第九个主题是知识员工的管理。因为组织的知识管理最终要落实到个人身上。这个主题包括知识员工的职业生涯规划与组织的战略规划如何配合、知识员工的个人知识如何成为组织记忆、知识员工如何招聘与培养等问题。最后一个主题也是和个人有关的，即学习和创新的技巧以及规范训练。

2. 从知识产生的角度

1) 组织内部知识的交流和共享

只有在交流中知识才能得到发展，也只有通过共享和交流才可能产生新的知识。对一个组织来说，创新是组织竞争优势之源，而创新本身归根到底是新知识的创造，也是组织知识资源的积累，因此，在组织内部各个部门以及各个员工之间，在组织的内部与外部之间，都应该加强知识的交流与共享，否则就不可能实现创新。这方面有大量工作可做。比如可以建立内部信息网以便于员工进行知识交流，利用各种知识数据库、专利数据库存放和积累信息，从而在组织内部营造有利于员工生成、交流和验证知识的宽松环境，并制定激励政策鼓励员工进行知识交流，通过放松对员工在知识应用方面的控制，鼓励员工在组织内部进行个人创业来促进知识的生产。

2) 驱动以创新为目的的知识生产

随着技术的不断发展和全球一体化趋势的逐渐增强，组织面对的市场竞争也日趋激烈。在知识经济时代的市场竞争中，知识是竞争力之源。组织必须拥有比别人领先一步的产品、技术或管理优势，而这些优势必须是来源于组织以创新为目的的知识生产。组织创造适宜的环境和条件，充分开发和有效利用组织的知识资源，进行以创新为目的的知识生产，必然是知识管理的一项重要内容。

3) 支持从外部获取知识，并提高消化吸收知识的能力

组织的知识资源是创新的源泉，因此组织要使创新不断进行就必须积累和扩大组织的知识资源。而这种知识积累又不能仅仅依靠组织自身知识的生产，因为这是非常有限的，所以必须注重从外部获取相应的知识，并进行消化吸收，成为组织自己的资源。供应商、用户和竞争对手等利益相关者的动向报告，专家、顾客的意见，员工情报报告系统的信息，行业领先者的标杆等都可以成为组织外部知识的来源。

4) 将知识资源融入组织产品或服务以及生产过程和管理过程

知识管理的直接目的是组织创新，使组织赢得持续竞争力。而组织的创新是使组织的知识资源转化为新产品、新工艺、新的组织管理方式等。因此，创新离不开知识资源与组织产品或服务及其生产过程和管理过程的融合。所以，知识管理的一个重要内容就是要明确组织在一段时间内所需的知识以及开发的方式和途径，贯彻相应的开发和利用战略，保证组织的知识生产扩大和知识资源积累与组织的产品、服务、生产过程和管理过程紧密结合。

5) 管理组织的知识资产

组织的知识资产主要包括4个方面：市场资产（来自客户关系的知识资产）、知识产权资产（纳入法律保护的知识资产）、人力资产（知识资产的主要载体）、基础结

构资产（组织的潜在价值）。组织的这些资产在当前的资产负债表中得不到反映，其价值却占有很大的比例，因此，如何妥善地管理组织的知识资产并尽可能地利用这些知识资产来创造价值是一个挑战性的课题。

二、知识管理的过程

为了更好地完成知识管理的任务，实现组织知识管理的目的，组织可以参照知识管理的实施阶段来进行。

第一阶段：进入知识管理。在这一阶段，组织中的某些人对于知识管理非常感兴趣，并对组织实施了知识管理后的前景充满了信心。于是他们试图利用机会来证明知识管理对于组织的价值，创立一个愿景来激励其他的员工也行动起来，共同探索如何利用知识管理来为组织和员工创造价值。在此阶段，要想最有效地说服管理层实施知识管理的方法是找到组织内部面临的最大问题，暴露出知识管理能迫切解决的问题，发现知识管理的需求并大力宣扬知识管理的潜力。

此阶段还需要重点关注以下几个方面：

（1）改造组织文化。知识管理项目的成功首先取决于一种鼓励知识共享的组织文化；对知识管理持抵制态度的组织文化是知识传播中的最大障碍。改造传统的组织文化、建立有利于知识共享的新型组织文化。

（2）确定组织的战略目标和核心竞争力。由于知识管理不能脱离组织的目标而独立存在。它必须与组织的总体战略目标相一致，才能有生存和发展的基础。比如神州数码集团的长远目标是"做一家长久的、有规模的、高科技的百年组织。"根据这个战略目标制订出神州数码集团的知识管理战略规划书，即"长久的"——知识必须有积累；"有规模的"——知识必须能在大范围内共享；"高科技的"——管理的知识必须能提炼成高附加值的。

（3）确定组织知识管理的重点领域。首先明确组织的核心竞争力是哪些，比如神州数码集团强大的市场渠道能力、运作能力。组织哪些业务是未来的发展重点，比如神州数码网络产品的研发、软件产品的研发，分析组织潜在收益最大的环节等。从而确定组织内部优先实行知识管理的部门或流程名单。可以采用"得分卡"方式对各个需要改进的环节或流程进行一个实施知识管理的综合衡量，定义出实施的先后次序。力争找到投入最小，见效最快的环节。可以在组织内部起到示范的作用。

第二阶段：探索和试验。在知识管理的第二阶段实施过程中，必须考虑在组织内给出知识管理的明确解释，并考虑它的应用，同时也有必要从公司中争取更多的经费。知识管理试验小组活动为了显示出知识管理的概念与功效，还应开始专注于知识管理原则的发展。

第三阶段：发现并进行知识管理试点。这一阶段是正式的知识管理实施。它的目标是通过实施一些试验性项目，并帮助组织获取那些可以在公司范围内转移的经验，以实现在更大范围内进行知识管理。

（1）要推动组织内部知识小组的形成。知识小组由那些热心于知识共享的人员组成，其成员通常担负共同的业务职责（如市场营销部门或研究部门），具有组成知识小组的条件。此外，由于大多数组织在知识管理领域毫无经验可谈，应该邀请组织外部的专家参与项目实施，如工业心理学家、社会学者或人类学者等。

（2）要系统分析业务流程。项目实施小组首要任务是发掘可以让知识管理发挥作用的业务领域，例如市场推广、消费者服务、产品开发等。一方面，他们对组织人员进行有关的技术培训；另一方面，他们必须努力研究把知识系统、技术手段与具体业务结合起来的最佳方式，并为组织员工提供指导。

第四阶段：扩展知识管理。当组织到达第四个阶段时，知识管理已证明能够产生较大的价值，而能成为组织活动的重要部分，其他部门对于知识管理的支持也日益高涨。这个阶段的组织将在多个业务领域实施项目，因此有必要评估每个知识管理项目相对于整个组织的适用性，也就是决定哪些知识管理的项目组合将对组织的成功产生较大的影响。在这一阶段，知识管理将有可能成为组织的核心战略的一部分。

第五阶段：知识管理制度化。在某些方面，第五阶段是上一阶段知识管理实施的延续，然而它还是在以下3个方面与第四阶段有显著的不同：①除非知识管理已经融入组织的商业模型中，否则它不会发生；②组织结构必须重新调整；③知识管理的能力已经成为公司正式的绩效考评的重要部分。知识的共享和使用也已经成为组织的业务运作方式，并成为组织核心能力的一部分。在这一阶段中，知识管理也不再是一个项目，因为公司的业务已经紧紧地与它结合起来，成为不可缺少的部分。

参考文献

[1]哈罗德·孔茨. 管理学精要[M]. 韦福祥,等译. 北京:机械工业出版社,2005.

[2]彼得·德鲁克. 管理:使命、责任、实务[M]. 王永贵,译. 北京:机械工业出版社,2006.

[3]周健临. 管理学教程[M]. 上海:上海财经大学出版社,2001.

[4]周三多. 管理学[M]. 北京:高等教育出版社,2000.

[5]陈英武,李孟军. 现代管理学基础[M]. 长沙:国防科技大学出版社,2007.

[6]刘由芳. 军队管理学[M]. 北京:国防大学出版社,2004.

[7]贾湖. 管理概论[M]. 天津:天津大学出版社, 2012.

[8]姚顺波. 现代企业管理学[M]. 北京:科学出版社, 2015.

[9]张明玉,等. 管理学[M]. 北京:科学出版社,2005.

[10]武智慧. 管理学基础[M]. 北京:科学出版社,2007.

[11]陈朝萌. 管理学基础[M]. 北京:科学出版社,2020.

[12]丁波. 管理学[M]. 北京:科学出版社,2013.

[13]孟祥华,李英. 管理学[M]. 北京:科学出版社,2010.

[14]唐德森. 管理学[M]. 北京:科学出版社,2019.

[15]王卫东,陶应虎. 管理学[M]. 北京:科学出版社,2019.

[16]张明玉. 管理学[M]. 北京:科学出版社,2019.

[17]王众托. 管理学[M]. 北京:科学出版社,2009.

[18]顾基发,张玲玲. 管理学[M]. 北京:科学出版社,2009.

[19]刘家才. 企业知识管理理论与应用研究[D]. 成都:西南石油学院,2003.

[20]段海超. 基于知识管理的企业学习型组织建设研究[D]. 北京:北京交通大学,2014.

[21]马国普,肖书成. 管理学原理[M]. 汕头:汕头大学出版社, 2019.

[22]唐烨. 管理学概论[M]. 上海:上海财经出版社,2016.

[23]周劲波. 管理学. [M]. 北京:人民邮电出版社,2014.

[24]张国平,岳炳红. 管理学. [M]. 北京:北京交通大学出版社,2018.

[25]张崇川,沈子杨. 管理学基础. [M]. 成都:电子科技大学出版社,2019.

[26]丁宁. 管理沟通:理论、技巧与案例分析[M]. 北京:人民邮电出版社,2016.

[27]潘连柏,曾自卫. 管理学原理[M]. 2版. 北京:人民邮电出版社,2017.

[28]彭小兵,谢丹. 管理学基础[M]. 重庆:重庆大学出版社,2017.

[29]王晓欣,邵帅. 管理学原理与实践[M].北京:人民邮电出版社,2017.

[30]张华. 管理沟通[M]. 成都:电子科技大学出版社,2017.

[31]李海峰,张莹. 管理学——原理与实务[M].3版.北京:人民邮电出版社,2018.

[32]马玉芳,王朋,吴凯,等. 管理学[M]. 成都:西南财经大学出版社,2018.

[33]徐文杰. 管理学基础[M]. 北京:清华大学出版社, 2018.

[34]季辉,王冰,李曲. 管理学基础[M].3版.北京:人民邮电出版社,2019.

[35]马鹤丹,韩晓琳,沈璐. 管理学[M]. 成都:西南财经大学出版社,2019.